中国传统技艺“祖师爷”
（一）

汪　斌　程启贵　主编

合肥工業大學出版社

《中国传统技艺“祖师爷”(一)》
编辑委员会

法祖宗先　传承工匠精神
造就新时代大国工匠

习近平总书记指出："中华文化源远流长，积淀着中华民族最深层的精神追求，代表着中华民族独特的精神标识，为中华民族生生不息、发展壮大提供了丰厚滋养。""不忘本来才能开辟未来，善于继承才能更好创新。"对历史文化，特别是先人传承下来的价值理念和道德规范，要坚持古为今用、推陈出新，有鉴别地加以对待，有扬弃地予以继承，努力用中华民族创造的一切精神财富来以文化人、以文育人。适逢百年未有之大变局，高等职业院校必须以习近平总书记提出的"要健全技能人才培养、使用、评价、激励制度，大力发展技工教育，大规模开展职业技能培训，加快培养大批高素质劳动者和技术技能人才。要在全社会弘扬精益求精的工匠精神，激励广大青年走技能成才、技能报国之路"为指引，以"大力培育支撑中国制造、中国创造的高技能人才队伍"为使命担当。《中国传统技艺"祖师爷"（一）》这本书，就是践行习近平总书记"弘扬中华优秀传统文化"、培养大国工匠的精细之作。

"祖师爷"属于民俗学的范畴，是中华优秀传统文化的重要组成部分，是培养大国工匠可供汲取的重要精神资源。民俗即民间风俗，是一个国家或民族在历史和社会发展进程中为满足群体生活的需要所创造和传承的生活文化。"民"主要指民间；"俗"即风俗，指在一定的社会群体中约定俗成的、代代相传的风尚、礼节和习惯。民俗传承体现了一个国家或民族的物质生活和精神生活风貌。中国民俗的形成与发展经历了漫长的过程。

培养大国工匠关键在于大力培养工匠精神，这就需要发掘厚植于"祖师爷"身上的工匠文化。中国有着悠久的工匠文化传统，在中国传统文化观念中，自古并不缺乏对“匠心”的追捧，有“技进乎道”的文化源流。木匠、瓦匠、铁匠、石匠、鞋匠等手工匠人是被社会推崇的人。《周礼·冬官考工记》中讲：“知者创物，巧者述之、守之，世谓之工。百工之事，皆圣人作也。”这里的圣人，就是俗称的“祖师爷”。行业“祖师爷”崇拜是民间文化的一个分支，过去各行业都很重视，且视“祖师爷”为本行业的保护神。民间有“三百六十行，无祖不立”的说法。几千年来，这种“祖师爷”精神历经沉淀，已经形成了“精益求精、执着专注、作风严谨、敬业守信、推陈出新、坚韧不拔”等工匠文化。

本书根据芜湖职业技术学院目前15个二级学院组织架构，有针对性地收集与芜湖职业技术学院专业、行业有关的中国传统技艺“祖师爷”并有所延展，共收罗18篇人物传记：《布业始祖：黄道婆》《造纸祖师：蔡伦》《地动仪始祖：张衡》《豆腐始祖：刘安》《活字印刷术鼻祖：毕昇》《中国桥圣：李春》《麻醉祖师：华佗》《法医学始祖：宋慈》《毛笔始祖：蒙恬》《木匠始祖：鲁班》《皮影之祖：李少翁》《时钟之祖：苏颂》《水排之祖：杜诗》《中华算圣：刘洪》《运河复闸始祖：乔维岳》《指南车复原鼻祖：马钧》《中医始祖：扁鹊》《自行车始祖：黄履庄》等，内容涵盖人文、艺术、机械制造、医学、农业、管理、材料等多个领域，旨在通过他们在自己的行业和领域中所展现的工匠精神和人格魅力，让读者结合自己的所学，传承中华文化中“精益求精、执着专注、作风严谨、敬业守信、推陈出新、坚韧不拔”的精神。

当前，中国经济正处于从量的积累转向质的提升的关口，经济的转型升级急需大量高素质技术技能人才。在这样的大背景下，职业院校也迎来广阔的发展前景。芜湖职业技术学院必须踏准改革的鼓点、顺应时代的需要，在危机中育先机，于变局中开新局，迎接自身发展的春天，为新时代培养更多既有真才实学，又有高尚品德的高素质技术技能人才。

汪　斌

2021年10月

目　录

布业始祖：黄道婆

程启贵

众所周知，位于英国伦敦的大英博物馆是世界上最古老的国家博物馆，这里陈列着一套19世纪30年代英国绅士穿的服装，严格说来，这是一套当时绅士的时装。上衣为来自中国杭州的丝绸衬衫，裤子则是由中国江南布料做成的紫色印花裤。很少有人知道，这条时髦的紫色印花裤子，布料来自中国上海乌泥泾。

黄道婆（黄佩馨　瞿福如/绘）

1986年，上海市民评选市花，以开路先锋、奋发向上的精神著称的白玉兰荣耀胜出。其实早在1929年，上海市民选择的是“貌不惊人”的棉花。

上海的棉花与棉布之所以如此声名显赫、驰誉中外，与宋末元初乌泥泾农家女子——黄道婆，有着密不可分的关系。

【上海小妞　流落崖州】

宋朝末年，当蒙古人的铁骑奔腾南下、以势不可挡之势践踏江南时，上海乌泥泾还是一片硗薄的海滨滩涂。现在的乌泥泾镇，早已是闻名中外的上海古镇，其实这里开发得很迟。南宋时期，一名张姓地主在这里修建了一座石桥，将黄浦江潮水导入乌泥泾，这里才开始经营水田。虽然人们起早贪黑地干活，但仍然无法维持生计。我们要说的故事主人公——黄道婆，就出生在这个滩涂小村。

黄道婆出身贫寒，老实巴交的父母生育了这个女儿之后不久，便在贫病交加中撒手人寰。黄道婆 8 岁时就沦为本村一户人家的童养媳。

黄道婆 12 岁那年冬天，地保开始为官府物色歌伎。在那个年代，歌伎是侍奉官员的合法角色。唐、宋时官场应酬宴会，就有歌伎侍候。歌伎的来源有二：一是大户人家被抄家后，女性被虏为歌伎；二是各地地保在民间物色，向官府推荐后培养而成。一入歌伎之门，身份就不可改变，除非再花费大笔银子，才可以赎回平民身份。地保相中了黄道婆，黄道婆婆家竟真的与地保谈起这笔交易。年幼的黄道婆，哪里知道这些事！邻居婶婶听说后，为了救下这个可怜的姑娘，便将这一消息悄悄告诉了黄道婆，暗示她趁天黑逃跑，否则将来的命运将更加凄惨。

黄道婆眼含泪水，恨老天不讲公道。当晚，她悄悄出门，来到邻居婶婶家门口，对邻居婶婶千恩万谢。邻居婶婶叫她赶紧逃。黄道婆趁着夜色，跑出村庄。约莫 2 个时辰后，只见眼前水色茫茫，一望无际，这里已是海边。黄道婆停住脚步，不知道该往何处去了。

黄道婆沿着岸边，深一脚浅一脚地继续往前走。突然，远处传来狗叫声，原来，不远处的一个港湾里，停泊着一艘船。显然，船上有人。黄道婆走过去，狗叫得更厉害了。船主夫妇走出船舱，看见一个小女孩深更半夜一个人走在荒郊野外，顿生怜悯之心，遂将黄道婆叫上船。

船主夫妇是渔民，他们问明原因之后，给黄道婆煮了碗热米糊，第二天天不亮，就将黄道婆带到河对岸，嘱咐她继续往西走，因为再往东就是大海，没有落脚之地。

黄道婆按照船主夫妇的指点，一直西行，直到傍晚，走进一座道观。道观里面，一位年长师太正在坐禅。当她睁开眼看见黄道婆时，问："小姑娘，天都黑了，你到这儿来干什么?"黄道婆将自己的遭遇一一说与师太，师太心疼地抚摸着姑娘冰冷的一双小手。师太发现，这双小手粗糙、皴裂，不应该是这个年龄应该有的。好心的师太收留了黄道婆。

身在道观，黄道婆还是心神不宁。她知道，这里与乌泥泾只一河之隔，万一婆家人找来，不仅自己的后果不堪设想，还会连累师太。师太知道姑娘的心思之后，安慰她说："平时，你尽量不要在外面走动，遇见来人，就躲避一下。等到来年春天，有南方海船来，到时候你可以远走海南。"这样，黄道婆就暂时隐藏在这座小道观里。

南方的海船，果然伴随着春汛，纷纷北上而来。船上有位年近40岁的师姨，是专程从海南崖州来看师太的。黄道婆不知道崖州在哪儿，但听这位师姨的描述，崖州是个天气暖和、盛产木棉的地方。师姨身上穿的是布料平整的衣褂，与乌泥泾人所穿衣物的布料质地有明显差别。

师姨该回程了，黄道婆便跟随她乘海船千里迢迢来到崖州，落脚在现在的三亚市水南村。

虽然语言不通，但海南风光以及黎族姐妹们的热情好客，使黄道婆并不感到孤独与寂寞，她很快融入了这个群体。

【手巧心灵　学艺黎家】

崖州，位于祖国的南端，是我国很早就种植棉花的地方。棉花的原产地是印度和阿拉伯。在棉花传入中国之前，中国只有木棉，没有可以织布的棉花。宋朝以前，中国只有"绵"字，而没有"棉"字。棉花传入中国，据称是在宋末元初，也就是黄道婆所处的时代。

来到崖州，黄道婆与黎族姐妹朝夕相处，与她们一起种棉花、采棉花，并纺纱织布。黎族姐妹们纺纱织布的工具极其简陋，但织布技艺十分高超，这种生产方式，特别适合发展家庭经济。海南黎族人的纺织杰作是黎锦，黎锦以棉线为主，多用来制作黎族妇女的筒裙。其织造方式是"腰织"：一把棉线，一头缠在树上，另一头缠在腰间。缠好之后，人们席地

黄道婆塑像

而坐，开始织布。其纺织技术，一直领先全国。黎族姐妹的花织、色织、杂染技术，举世闻名。如今，单单黎族姐妹织造的"龙被"，流传下来的图案就有120多种，绚丽多彩。

黎族姐妹的腰织机，结构简单，甚至可以说"原始"！如今，在海南省博物馆里，有黎族姑娘展示腰织传统工艺，调节经纱的张力，完全靠织布姑娘的腰脊，经纱按照一定的颜色有规律地排列。其实，这是最原始的错纱工艺。席地而坐的姑娘，手提综杆，形成织口；织工进行投梭、打纬，完成一个织造过程。

这种原始腰机使用的提综杆数量有限，一般30根左右，也就是纬纱的循环在30纬以内，如果要编织再复杂一点的花纹，这种综线方法显然是不合适的，但是，黎族姑娘有一种挑花、提花技术，花纹循环数可达数百次。

腰机挑花，实际上是最原始的挈花技术，其原理非常简单：就是利用一把简单的挑花刀，在经线之间，根据图案纹样所需进行挑织，这就突破了提综杆数量的限制，并且非常灵活，能织造出"粲然若写"的图案花纹。

黄道婆很快掌握了从错纱、配色到综线、挈花的一整套黎族纺织技艺。她的聪明灵巧和文雅好学也赢得了当地黎民的好感。她与宋家五公子相识并相爱，最终从师姨的道观走进宋家，成为远近有名的"宋五嫂"。

黄道婆真的是命运多舛，不过几年，宋公子因病去世了。黄道婆再次回到师姨身边。

光阴荏苒，岁月如梭，转眼30年过去。每当秋天看见南归的大雁，黄道婆就想到春天它们又将北去，这勾起她思念故乡的心绪。树高千丈，落叶归根，她把思念家乡的一腔心思告诉了师姨。师姨非常同情和理解黄道婆的处境，就在春后一个和煦的日子，找了一位海船船主，拜托他一家将黄道婆带上归乡的路途。

【叶落归根　革新棉纺】

经过近一个月的海上漂泊，黄道婆于元朝元贞年间回到了她魂牵梦绕的故乡。此时，故乡已建制上海县，元朝政府在这里设立了巡检司，对当地的生产、税收实行严格管理。

家乡变样了，可黄道婆还是能认出原来家门口的几条主要小路。邻居婶婶、伯伯都已经上年纪了，如果黄道婆不主动介绍，他们已经认不出这个当年出逃的童养媳。当年的婆婆已经不在人世，邻居婶婶说，她已经去世好多年了。

这时，乌泥泾已有不少人家种植棉花了。松江府一带出现了“三分水稻，七分棉花”的种植局面，只是水稻种植不仅面积小，而且产量低；棉纺质量也很差。黄道婆看在眼里，急在心里，同时，她也意识到：自己在崖州学到的织布技艺将能派上用场。

那么，黄道婆回到乌泥泾之后，是怎么带动当地人发家致富的呢?

工欲善其事，必先利其器。黄道婆首先从革新生产工具方面着手。棉纺的第一道工序是去棉籽。从古至今，每到摘棉花的季节，只要天晴，老人、小孩都可以到田里摘棉花。棉花摘回之后，首先要曝晒，晒干后的棉花会更松软。每到夜晚，一家人点灯围坐，开始手剥棉籽。每瓣棉花里面都夹裹着棉籽，纺纱以及做被絮，都必须先将其中的棉籽除掉。

将晒干的棉花抓在手里，立即能捏到硬实的棉籽。将这些棉籽摘出来时，应尽量将粘连在棉籽上的棉花絮剔除干净，否则便是浪费，因此，这个活虽然男女老少都能做，但速度慢、效率低，棉农一干就到半夜，十分辛苦。

黄道婆开始在剥棉籽上动脑筋。她发现，用木条将带籽棉花压在平地上往前推，会将棉籽“挤出”棉絮，而且比手剥得干净。这样，她就开始尝试将 2 根木条夹在一起，并将带籽棉花塞进木条之间，使劲儿碾轧，发现也可以将棉籽“挤出”，于是，她找到邻居大叔——大叔是个木匠，请他按照自己的“设计”，制作“轧棉机”，并将 2 根木条全部包上了铁皮，使其更加坚硬、耐用，去籽后的棉花也更加干净。这种轧棉机可以 2 人或

3 人同时操作，生产效率成倍提高。据纺织史专家研究，黄道婆的这种轧棉机比美国人威尼特发明的同种设备大约早 500 年。

第二道工序是弹棉花。当时，松江府一带弹棉花用的是竹弓，长度在一尺四五寸，弦是棉线做的。弹工左手持弓，用右手手指弹弦，效率之低是不言而喻的。黄道婆将这张小竹弓改成长四尺多的大木弓，弦改用牛皮筋制作，改手指弹拨为檀木椎敲击。

可是，左手拿着这么大的弓，右手还要敲击弓弦，敲不了几下，就没有力气了。黄道婆想出了一个办法：用一根三四尺长的弹性竹条，一端插在弹工的背后裤腰带上，另一端则高高地竖在背后，顶端拴一根绳子，将沉重的木弓吊起来，这样，左手不再需要提弓，只是把握方向而已，右手则可尽情地挥动檀木椎，用力砸击。牛皮筋弓弦在棉絮中强烈振动，棉絮弹得更加松软了，而且工效大大提高。

第三道工序是纺纱。当时，松江府人使用的是一种手摇小纺车，单锭，工效很低，三四个人纺的纱，还供应不了一台织机使用。黄道婆发现，松江府当时有一种纺麻用的脚踏纺车工效很高，但不能用来纺棉纱，因为麻纤维比棉纤维光滑。但纺棉纱的原理与纺麻是一样的，于是黄道婆又去找邻居大叔。几经磋商，他们终于研制出脚踏三锭纺纱车，不仅工效提高了 3 倍，而且节省力气。纺织史专家认为，这是黄道婆革新纺织机具的最重要成果，比欧美人发明的同类机具要早四五百年。

元代织机模型

最后一道工序是织布。当时，松江府人用的织布机具结构简单，是一种投梭织机，费力且工效低，织出的布匹质量也差。黄道婆结合在崖州学到的黎锦织造经验，与邻居大叔共同研制出一种脚踏提综、高架斜织的新型织机。

除了革新这些纺织机具，黄道婆还将在崖州学到的黎锦错纱、配色、综线、挈花等技艺，运用到纺纱织布中，织出了被、褥、带、帨（音 shuì，古人用的佩巾，类似于现在的手绢）等各种棉纺织品，这些棉纺织品精细、平整、纹美、色鲜，“乌泥泾被”更是远近闻名。

经过黄道婆革新之后的松江纺织机具，非常适合于一家一户使用，因为这些设备小而灵巧，制造或购买成本不高；织造技艺不复杂，口授身传，简便易懂，于是松江府一带很快出现“家家机杼声”的棉纺局面。16世纪，松江府一带每天可产棉布上万匹；18—19 世纪，松江棉布远销欧美，出现“衣被天下”的繁荣盛况。我们可以合理推测，大英博物馆里陈列的那条紫色印花裤子，就是这时候漂洋过海而去的。

黄道婆去世后，松江人为她建祠纪念，这绝不是偶然的，可以说松江人摆脱“民食不给”的窘境，一定程度上得益于黄道婆的棉纺机具革新和传授纺织技艺。从整个上海市乃至江南地区的经济发展历史来看，自元代黄道婆开始兴起的这一产业，开始将江南一带由小农业生产转向商品生产，从而使传统的小农经济转向商品经济，形成了以棉纺织业带动地域经济、地域经济带动区域城镇化发展的良好态势。

一般认为，黄道婆于1330年在松江去世。她的墓，几经兴废，至今仍保留在上海市华泾镇北的东湾村，墓前有碑。每年农历四月初六，当地人会自觉来墓前祭扫，因为他们永远记得：这一天，是这位纺织家的生日。上海市徐汇区建有黄道婆纪念馆，其被列为上海市科普教育基地。2006年，乌泥泾手工棉纺织技艺被列入首批国家级“非遗”名录。世界著名科技史专家李约瑟博士将黄道婆的事迹写进了他主编的世界科学文化巨著《中国科学技术史》中，其称黄道婆是“东方奇人”。黄道婆的塑像，陈列在中国历史博物馆里，供人们瞻仰。近年来，上海市陆续召开了 3 届黄道婆国际学术研讨会，对黄道婆的事迹及与其相关的中国古代棉纺历史进行挖掘与研究，取得了可喜成果。人们正在以各种各样的形式来纪念这位具有世界性影响的伟大女性。

读后一探

假如黄道婆自幼家境殷实，那么，她不会被卖作童养媳；假如黄道婆没有被地保相中，那么，她不会远逃海南岛；假如黄道婆是个不求上进的人，那么，她不可能学会黎锦的织造技艺；假如黄道婆只顾自家小富即安，那么，她不可能革新乌泥泾的纺织机具；假如黄道婆没有传技授艺，那么，就没有上海乃至整个江南地区棉纺织业的兴盛与繁荣……然而，人生，没有这么多“假如”！

我们在这里设定这么多“假如”，如果其中任何一个是真的，那么，黄道婆的命运乃至整个中国棉纺织业的历史就会被重写。面对生命中的这些灾难与折磨，黄道婆没有怨天尤人，没有自暴自弃；相反，她把每一次的灾难与折磨都演绎成了对生命的历练，终于由一名贫弱凄苦的童养媳涅槃成一位举世闻名的伟大科学家。

同学们，生活中不缺乏灾难与折磨，缺乏的是黄道婆这种将灾难与折磨变成开拓与创新支点的精神与能力。《布业始祖：黄道婆》是不是能给你带来某些思考？

参考文献

[1] 李约瑟．中国科学技术史（第 5 卷）［M］．北京：科学出版社，1976.

[2] 徐蔚南．上海棉布［M］．北京：中华书局，1936.

[3] 陈光良．黄道婆文化研究文集［M］．广州：中山大学出版社，2018.

[4] 陈澄泉，宋浩杰．被更乌泾名天下——黄道婆文化国际研讨会论文集［M］．上海：上海古籍出版社，2007.

[5] 张家驹．黄道婆和上海棉纺织业［M］．上海：上海人民出版社，1959.

[6] 张渊，王考俭．黄道婆研究［M］．上海：上海社会科学院出版社，1994.

[7] 上海市地方志办公室．上海县志［M］．上海：上海人民出版社，1993.

[8] 陶宗仪．南村辍耕录［M］．北京：中华书局，2004.

[9] 徐光启．农政全书［M］．长沙：岳麓书社，2002.

[10] 上海市地方志办公室．松江府志［M］．上海：上海古籍出版社，2012.

[11] 薛景石．梓人遗制图说［M］．郑巨欣，校注．济南：山东画报出版社，2020.

[12] 窦仪．宋刑统校证［M］．岳纯之，校证．北京：北京大学出版社，2015.

[13] 元典章［M］．陈高华，张帆，刘晓，等，校注．北京：中华书局，天津：天津古籍出版社，2011.

[14] 陈剑亮．唐宋词与唐宋歌妓制度［M］．杭州：浙江大学出版社，2006.

[15] 徐华龙．黄道婆的传说与现实［J］．广西师范学院学报（哲学社会科学版），2007（2）：14－19.

[16] 李斌，李强，杨小明．黄道婆“错纱配色综线挈花”技术研究［J］．纺织科技进展，2012（4）：9－13，28.

[17] 谭晓静．黄道婆籍贯之争的人类学思考［J］．中南民族大学学报（人文社会科学版），2011（2）：65－68.

[18] 李强，李斌．黄道婆研究的考辨［J］．丝绸，2016（9）：75－80.

造纸祖师：蔡伦

计　荣

蔡伦（黄佩馨　瞿福如/绘）

“此墓此祠光耀两千载，斯公斯纸恩泽亿兆人。”这是写在陕西省洋县蔡伦墓祠门前的楹联。在纸作为文字载体的发展过程中，蔡伦无疑具有重要的作用。美国学者麦克·哈特在《影响人类历史进程的100名人排行榜》中，将蔡伦排在第7位。哈特认为，汉代以后中国的文明发展超过西方，公元7—8世纪中国成了世界上文化最发达的国家，这与造纸术的发明不无关系。正是有了纸作为载体，才有力地促进了文化、教育、科技、经济的发展。造纸术对中国和世界的文明发展作出了杰出的贡献。

正如著名学者章炳麒所说：“中夏文化升降之迹，伦有力焉。”范晔在《后汉书》中的《蔡伦传》一文中写道：蔡伦，字敬仲，桂阳人也。以永平末始给事宫掖，建初中，为小黄门。及和帝即位，转中常侍，豫参帷幄。伦有才学，尽心敦慎，数犯严颜，匡弼得失。每至休沐，辄闭门绝宾，暴体田野。后加位尚方令。永元九年，监作秘剑及诸器械，莫不精工坚密，为后世法。自古书契多编以竹简，其用缣帛者谓之为纸。缣贵而简重，并不便于人。伦乃造意，用树肤、麻头及敝布、渔网以为纸。元兴元年奏上之，帝善其能，自是莫不从用焉，故天下咸称“蔡侯纸”。

“蔡侯纸”让蔡伦成为造纸业的祖师爷。他的发明得到了统治者的认可和宣传推广。“蔡侯纸”对我国乃至全世界的社会文化发展都产生了巨大的影响，并且这种影响将持续下去。

【耒阳少年　聪明机巧】

蔡伦（约63—121），字敬仲，桂阳郡（今属耒阳县）人。《衡湘稽古》考证神农炎帝“作耒耜于郴州之耒山”，即传说神农发明了最早的农具“耒”，留下耒山、耒水的地名。又因为舜帝在此舂捣稻谷，所以留下了舂山、舂水的地名。这说明世界上最早的舂捣技术出现在蔡伦家乡。家乡的舂捣传统对蔡伦发明造纸术有极大的启示作用，其取石造臼，从而发明造纸术的关键技术——舂捣纸浆。

东汉明帝刘庄永平年间，耒阳县的一个小山村中一个男孩诞生了。孩子的父亲叫蔡瑜，在祭拜神灵后，蔡瑜给孩子取名蔡伦，字敬仲。蔡伦从小就很聪明好学，7岁能吟四书五经，13岁已经能通读司马迁的《史记》。

年幼的蔡伦在小伙伴中显得很特别，当喧闹的小伙伴争得不可开交时，蔡伦的注意力会被一团泥土所吸引，不起眼的泥巴在他的手里变成一座座房子，甚至窗户和烟囱也会惟妙惟肖地出现在房子上。小伙伴们争先恐后地请蔡伦捏一个自己家的房子，蔡伦欣然答应并请小伙伴配合，对小伙伴们进行了分工。他分派力气最大的小伙伴和泥，另外几个小伙伴运和好的泥，其他的人一起捏房子。他用手比画，用小棍子指着，像一位优秀的建筑大师在设计一项伟大的工程。在蔡伦的带领下，伙伴们在大树下一次次再现他们居住的村庄的场景。

直到有一天，栩栩如生的泥塑被村子里一个辞官归田的老先生看到。据说老先生做过朝廷的大官，还曾担任过一个王爷的老师。老人看着惟妙惟肖的作品，惊叹蔡伦的聪明才智，决定收其为弟子。自此蔡伦开始了执笔读简的生活，他手执蘸满浓墨的毛笔，在一片片竹板上认真写下先生教他的每一句话。一晃几年，蔡伦读完了《诗经》《孝经》《论语》《孟子》《左传》等。

随着读的书越来越多，他有了越来越多的竹简，成捆的竹简让他越背越吃力。也许这时他已经开始思考是否有更好的文化载体能代替沉重的竹简。

【飞来横祸　净身入宫】

东汉明帝永平十八年（75）七月，老师被官府带走，蔡伦也遭受牵连，入宫做了宦官。在宫里，他想起老师教他的《史记》，想到了身体和精神都受到极大创伤却著就了有“史家之绝唱、无韵之离骚”之美誉的千古名作的司马迁。虽然蔡伦还不知道自己活下去的理由，但坚强的蔡伦没有沉沦，他忍辱负重，一边干活一边诵读。

直到有一天，在宫里散步的宋贵人偶然经过宦官的住处，听到传出的琅琅读书声，便问掖庭令读书声从何而来，掖庭令回答是宦官蔡伦在诵读。第二天，掖庭令带着蔡伦来到宋贵人宫中，蔡伦有了为太子刘庆做伴读的机会。蔡伦教太子读经典，后被任命为小黄门。小黄门这一官职隶属于黄门侍郎，负责沟通内外信息，主要在太后、皇后身边服务。

聪明的蔡伦在险恶复杂的皇宫中逐渐站稳了脚跟，后被恩准随时出入白虎东观等大汉皇家书库，饱览诸典籍。随着时间的流逝，藏书吏越来越信任蔡伦，允许他去一些平时很少对外开放的书库。

到东汉和帝即位时，蔡伦升任中常侍。和帝永元九年（97），蔡伦被提升为尚方令。“尚方”是皇家的手工工场，尚方令则是掌管御府兵器、

蔡伦塑像

玩物、器具制造的官吏。蔡伦从中常侍到尚方令，官品得以上升，工作内容和性质有很大变化，由原来参与机密议决，草拟、掌管文书，升职为一个具有工业制造性质的部门的主管，直接对朝廷和皇帝负责。通过锻炼，蔡伦很快成为制造专家，而且是“监作秘剑及诸器械，莫不精工坚密，为后世法”。

【精诚所至　蔡侯纸生】

人类在长期的劳动实践活动中发明了文字，同时也产生了对文字载体的需要，结绳记事是人类最早的记事方法，但这种方法不够准确，更不能长久。随着时间推移，出现了甲骨、石鼓、碑碣等载体，但这些载体非常坚硬，难写、难刻又不便携带。后来，文字载体发展为简牍和缣帛。简牍是竹简和木牍的概括。简牍依然比较重，而缣帛价格昂贵，一般人用不起。时代的发展呼唤更好的文字载体。

永元十四年（102），当时的邓绥皇后喜欢舞文弄墨，为了投其所好，蔡伦一直思考如何用更好的文字载体代替竹简，他从包荔枝的麻纸上得到启发，开始了造纸研究。蔡伦来到乡间，看到蚕妇用蚕茧漂制丝绵，残絮晾干后成许多小薄片，这些薄片给了蔡伦无限启发。回到皇宫后，蔡伦让人找来干草、树枝和棉布等材料，埋头做起了试验。起初，蔡伦试了很多次，结果都不理想，但他没有放弃，而是发动手下的能工巧匠一起想办法。在工匠们的协助下，蔡伦大胆创新，选用树皮、麻头、破布和渔网作原料，经过反复尝试，终于摸索出一套简便又实用的造纸方法。

《汉代造纸工艺流程图》再现了蔡伦的造纸术：将各种造纸原料经水浸、切碎、洗涤、蒸煮、舂捣、加水，配成悬浮的纸浆，干燥后成纸。具体要经过5道工序：第一道工序为“挫”，将树皮、破布等原料切断、剪碎全碎片、碎粒。第二道上序为“捣”，用水将挫碎的原料浸泡一段时间，加温后加入草灰、石灰等物，继续将原料捣烂至糊状物。第三道工序为“打”，利用木棒、石臼等工具对捣成糊状的原料继续进行捣打、碾烂，目的在于使其纤维分丝帚化，从而增强纤维间的结合力。第四道工序为“抄”，将经碾打的纸浆用水稀释，然后均匀地摊在平整的竹席、木板或其他材料上，再用清水漂洗成薄片，并让薄片附在竹席、木板之上。第五道工序是"烘"，把附有薄片的木板、竹席放在太阳下晒干，或者用火烘烤干。用这种工序造出来的纸，色白柔软，体轻质薄，可以裁剪和折叠，适合写字记录，加之又是以废物为原料，价格低廉，工艺流程也不复杂，易于制造，因此受到了普遍的欢迎，很快便推广开了。

蔡伦造纸工艺图

东汉元兴元年（105），蔡伦将他制造的纸献给和帝，受到了和帝的赞扬，于是和帝下令在全国推广蔡伦的造纸术，这就是"蔡侯纸"产生的过程，后人在蔡伦故宅建蔡侯祠。和帝病逝后，年幼的安帝继位，朝政仍由邓太后把持，蔡伦继续受到重用，被封为"龙亭侯"（封地在今陕西洋县）。公元121年，邓太后病逝，安帝亲政，蔡伦自尽而亡。

相传，农历三月十七日是蔡伦的生日，在这一天，纸匠会放假一天，以纪念祖师爷，为祖师爷过生日。

【千年古纸　走向世界】

造纸术发明以后，据考证，至迟在公元289年传到了朝鲜、日本；唐朝时又传到了阿拉伯、东南亚地区；后来又传到欧洲、大洋洲、非洲、美洲等地。造纸术的发明对于促进世界文明的发展起到了不可估量的作用。造纸术是中国的伟大发明，是中国古代的四大发明之一。

《简明不列颠百科全书》中"纸和造纸"的词条是：造纸术可追溯到

约105年，中国的蔡伦用桑皮及渔网、破布、废麻等韧皮纤维造成纸张。直到18世纪，造纸方法基本上保持不变。19世纪，逐渐发展了以木材为原料的几种重要制浆方法。

如今，蔡伦祖师神像还供列在柏林博物馆、法国安贝尔蔡伦纪念馆、日本鸣村的蔡伦宫中。

古登堡在1440年发明了印刷机，使印刷术、纸张、文字完美结合，有效地推动了人类文明的积累和传承。

如今，随着信息化水平的提高和科技的发展，有人预言："纸"将被"屏"取代，电子书将取代传统的纸质书！20世纪70年代中期出现了无纸化"未来办公室"的设想，然而微软剑桥研究院研究员阿比盖尔·瑟伦和兰开斯特大学社会期货研究所的联席主任理查德·哈珀却说："电脑和互联网使得信息获取变得前所未有的便捷，但是以数字渠道获取的信息的最佳阅览模式依然是纸张。"他们在著作《无纸办公室神话》中写道："新技术的引入并没有淘汰纸张，反而增加了它的使用，或者改变了它的使用方式。"

读后一探

造纸术的发明绝非偶然，概括起来原因包括以下几个方面。

（1）外因驱动。东汉时期社会经济、政治的巨大发展带来文化的发展，文化的发展和传播迫切需要先进的文字载体的产生；加之东汉时期农业和手工业都有很大进步，这些都是蔡伦发明造纸术的前提。统治者要用文字把经验教训、奇闻逸事记录下来，以便保留和传播；一些学者将知识加以系统整理，著书立说，都需要文字载体的帮助。因此，纸的发明是社会进步的要求，也是人类发展的要求。

（2）内因作用。蔡伦从小聪明伶俐，天赋出众，在宫中曾主管制造业，和机匠多有接触，具有丰富的关于工具等机械制造方面的经验，有"豫参帷幄、匡弼得失"的经历和能力；他重视学习民间生产劳动的实践经验，经常利用业余时间到野外做调查研究，从中学习工匠们精湛的技术和创新求变的精神。蔡伦的聪明才智和勤奋刻苦是造纸术发明的主要内因。

(3) 团队的力量。作为尚方令，蔡伦既是朝廷制造活动的指挥者和组织者，又是直接参与者，所以可以说蔡伦是造纸术发明的代表者和组织者。蔡伦发明造纸术，凝结了劳动人民的集体智慧和功劳。蔡伦是在吸收前人造纸经验的基础上，与合作者们共同发挥智慧才发明了“蔡侯纸”。

参考文献

[1] 范晔．后汉书·蔡伦传［M］．北京：中华书局，2010.

[2] 钱存训．书于竹帛——中国古代的文字记录［M］．上海：上海书店出版社，2006.

[3] 中国大百科全书出版社《简明不列颠百科全书》编辑部．简明不列颠百科全书［M］．北京：中国大百科全书出版社，1986.

[4] 王乃迪，王天锋．历史的丰碑·为文化制造载体的人：蔡伦毕昇［M］．长春：吉林人民出版社，2011.

[5] 双根．世相百工［M］．杭州：浙江教育出版社，2015.

[6] 冷冰．蔡伦［M］．沈阳：辽海出版社，2011.

[7] 曹天生．蔡伦“发明”造纸术之谜的再探秘（上篇）·造纸术的发明与发明时间的争论意见［J］．中华纸业，2016（1）：82－86.

[8] 本刊编辑部．蔡伦有没有发明造纸术［J］．文史博览，2018（4）：59.

[9] 李玉华．关于蔡伦及中国“造纸术”起源的探讨［J］．华东纸业，2009（6）：13－18.

[10] 张式成．科学辨识蔡伦造纸术之历史真实——以《中国造纸史》为对象讨论［J］．长沙理工大学学报（社会科学版），2016（5）：44－52.

[11] 潘舜琼，李益群．论蔡伦及其造纸术的发明［J］．湖南城市学院学报，2006（2）：46－49.

[12] 程亚男．且听千年古纸的声音［J］．公共图书馆，2018（1）：84－86.

[13] 刘仁庆，刘军钛．我国四十位古代造纸名人评传［J］．中华纸业，2019（1）：76－80.

[14] 郑也夫．造纸术的起源［J］．北京社会科学，2015（7）：4-15.

[15] 刘仁庆，刘军钛．纸从中国走向世界（连载）——纸史新稿扫描之一［J］．纸和造纸，2018（2）：43-53.

[16] 卫坚．文字载体的前世今生［N］．中国新闻出版广电报，2018-12-19（4）.

地动仪始祖：张衡

杨　彤

【人类历史上的地震记载】

1976 年 7 月 28 日凌晨 3 时 42 分 53. 8 秒，河北唐山发生了里氏 7. 8 级的大地震，共造成唐山、天津、北京等地 24 万余人死亡，16 万余人重伤，7000 多个家庭消失，4000 多人成为孤儿；55% 的生产设备毁坏，交通、供水、供电、通信全部中断。

2008 年 5 月 12 日 14 时 28 分 4 秒，四川省汶川地区发生了大地震，地震波及大半个中国及亚洲多个国家和地区，北至辽宁，东至上海，南至我国香港、澳门以及东南亚的泰国、越南，西至巴基斯坦均有震感，地震波共环绕了地球 6 圈。地震造成 6 万多人死亡，37 万多人不同程度受伤，1 万多人失踪，是中华人民共和国成立以来破坏力最大的地震，也是唐山大地震后伤亡最严重的一次地震。

汶川地震纪念碑

然而，有资料记载的中国伤亡最多的一次地震发生在明朝嘉靖年间。据《嘉靖实录》记载："压死官吏军民奏报有名者八十三万有奇，其不知名未经奏报者，复不可数计。"虽然有学者考证当时地震发生地的人口数量，得到了实际死亡人数为53万的判断，但仍然远远超过唐山大地震死亡人数。

其实，早在距今约4000年前，中国古人已经开始了对地震的记载。历史资料表明，中国历史上有记载的地震数量近万次，其中破坏性地震近3000次，8级以上的特大地震约18次。《墨子·非攻》中对蒲坂地震有这样的记载："日妖宵出，雨血三朝，龙生于庙，犬哭乎市，夏冰，地坼及泉，五谷变化，民乃大振。"《竹书纪年》中有"夏帝发七年，泰山震"的记载。

除中国以外，埃及、希腊、俄罗斯、伊拉克、西班牙、叙利亚、日本、法国、意大利等国家都有关于地震的记载。在这些记载中，中国的记载是最早的，说明我们的祖先很早就注意到各种自然现象并加以记录，这为日后观察和研究这些现象奠定了基础。

给大家提一个问题：人类为什么要记录这些地震现象？仅仅是为了记录吗？

肯定不是！地震给人类造成了严重的危害，人类记录它，就可以不断地研究它，从而归纳、总结出应对的方法，尽可能减少地震造成的损失。在这一点上，中国的张衡走在了世界的最前头，他发明了全世界第一台可以有效检测到地震的地动仪——候风地动仪。

【张衡和地动仪】

据《后汉书·张衡传》记载："张衡，字平子，南阳西鄂人也。衡少善属文，游于三辅，因入京师，观太学，遂通五经，贯六艺。虽才高于世，而无骄尚之情。常从容淡静，不好交接俗人。"可以看出，张衡是一个喜欢学习，在游历中不断成长，不爱世俗交际，有才华却低调的人。

"衡善机巧，尤致思于天文、阴阳、历算。安帝雅闻衡善术学，公车特征拜郎中，再迁为太史令。遂乃研核阴阳，妙尽璇玑之正，作浑天仪，著《灵宪》《算罔论》，言甚详明。"《灵宪》论述天地、宇宙星辰；《算罔

张衡（黄佩馨　瞿福如/绘）

论》论述数学。李约瑟在《中国科学技术史》中誉天文学为各门自然科学中的第一个学科，而数学则与天文学密切相关。李约瑟又说：“由于数学和各种假说的数学化已经成为近代科学的支柱，我们在尝试评价中国人在许多具体科学学科和科技门类中的贡献时，首先从数学入手似乎是合情合理的。”

让张衡闻名于世的地动仪，是人类历史上最早的有效检测地震的设备。据《后汉书·张衡传》记载，公元 132 年，张衡制造了候风地动仪，其形状像一个大酒樽，直径接近 2 米，中间设置 1 根“都柱”，周围有连接着机关的 8 条轨道，连接外边的 8 条龙，龙嘴里各含 1 颗铜球，下方各有 1 只蟾蜍，张着大嘴。一旦发生地震触发机关，1 颗铜球会掉落到下边的蟾蜍嘴中，发出清脆的声音，而其他铜球却纹丝不动，人们便知道哪个方向发生了地震。曾经有一次，1 颗铜球掉了下来，大家却没有感觉到地震的发生，于是洛阳的学者们都认为地动仪是荒诞的东西，直到数天以后，从陕西传来了地震的消息，验证了地动仪的神奇。

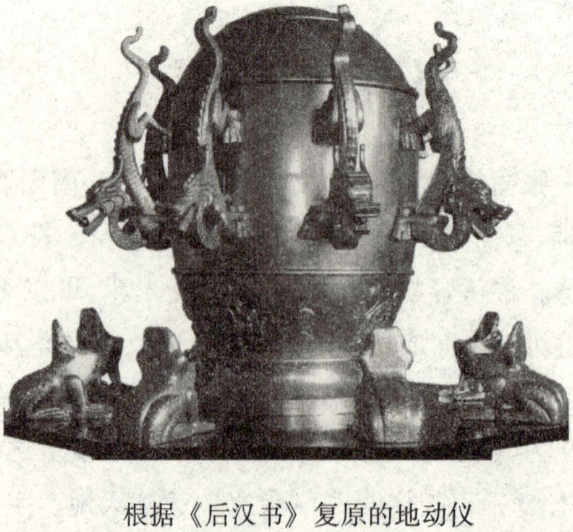

根据《后汉书》复原的地动仪

可惜这样一个伟大的发明没有被保留下来，仅史书上有只言片语的记录。《鼎录》中记载：“张衡制地动图，记之于鼎，沉于西鄂水中。”

由于没有实物，人们难免怀疑，如南宋人周密认为：“气之所至则动，气所不至则不动。而此仪器置之京都，与地震之所了不相关。”清朝何琇认为：“张衡地动仪，余终不信有其事。气动于数千里，而机应于此，万无此法。”

不仅有些国人持怀疑和否定的态度，外国人对地动仪的看法也不尽一致。英国地震学家米尔恩在1886年出版的著作中曾介绍过张衡的地动仪，但在后来的版本中删去了有关内容。英国李约瑟教授在《中国科学技术史》一书中虽然热情地介绍了张衡的地动仪，但他同时认为，当时的复原模型并不符合史书的记载。奥地利学者雷立柏认为张衡的地动仪缺乏“精确的理论”，其“科学成就值得怀疑”，还认为《后汉书》的记载“不一定是可靠的”。

那么，我们能否就此否认中国古代科学家的伟大智慧呢？当然不能！只要我们能够按照史书中的描绘，根据当时所具备的工艺和技术水平，再现史书中地动仪的神奇功能，就可以证明这种伟大发明的真实性。这也正是实验考古的机理。

【什么是地震】

地震又称地动、地振动，是地壳快速释放能量过程中造成的振动，其间会产生地震波的一种自然现象。地球板块与板块之间相互挤压碰撞，使板块边沿及板块内部产生错动与破裂，是引起地震的主要原因。请大家注意2个关键词：地壳、板块。

地球内部分为地核、地幔、地壳3个结构。地核位于地球的中心，半径约3480千米，全部是炽热的岩浆；地幔包裹在地核的外层，厚度约2900千米，温度约1400℃，它接近地核的部分温度较高，远离地核而接近地壳的部分温度渐低，当冷却到固态时，就是地壳；地壳包裹在地幔之外，是固态的物质。也就是说，地球就是一个“内心狂热、外表冷静”的球体，在冷静的外表内，跳动着一颗沸腾的“心”，涌动着“血液”。心是地核，血是地幔，外表是地壳。

地壳并不是完整的一块，它由若干个板块组成，主要板块为太平洋板块、美洲板块、欧亚板块、非洲板块、南极洲板块、印度洋板块，另外还有阿拉伯板块、加勒比板块、菲律宾海板块、北美洲西海岸外的科科斯板块、南美洲西海岸外的纳斯卡板块以及南大西洋的斯科舍板块等比较有名。地理学家研究发现，地球今天的板块布局是经历了数亿年的变化逐渐形成的。“板块构造学说”“大陆漂移学说”都涉及相关的内容。

液态的地核储存着巨大的能量，随时准备爆发，一旦找到出口，就会从地表喷薄而出（按喷发的方式分类，可分为裂隙式喷发、熔透式喷发、中心式喷发三类，有些发生在海底，有些发生在地面以下），形成火山。地幔的运动虽不如地核剧烈，但它仍然在缓慢地运动。

日本是闻名世界的地震多发区，主要是因为其位于亚欧板块与太平洋板块交汇处的地震带。地震带位于板块之间的交汇处，因为板块之间会相互作用，所以极容易出现地震。唐山位于亚欧板块与太平洋板块的交汇处，汶川位于亚欧板块与印度洋板块的交汇处，所以容易出现地震。

当地震发生后，地震波以不同的性态由震源向四处传播，分为纵波（P 波）和横波（S 波）两种。纵波质点运动方向与传播方向一致；横波质点运动方向与传播方向垂直。纵波速度快，最先到达，主要使地面上下颠动。横波速度慢，第二个到达，主要使地面侧向晃动。在横波之后或同时，面波洛夫波（L 波）到来，地面开始水平横向振动（和横波方向一致）。接着是面波瑞利波（R 波）到来，它使地面在纵向和垂直方向都产生摇动，形如逆进的椭圆，并持续多个旋回。面波振幅大，持续时间长，优势周期可长达 10 秒。

张衡地动仪是早期的位移计式地震仪，对横波、洛夫波和瑞利波感应较灵敏，对纵波基本上没有反应，所以，它具有感测地震的功能，特别是能感测非本地的地震，还能正确指示地震的方向。当然，张衡地动仪也不是万能的，当地震信号弱于其灵敏阈值（足以使仪器的指针或数字发生可察觉的最小变化值）时，它就不敏感；当地震信号很强时，球掉落的方向也可能出错（强烈纵波导致的不确定性）。即便如此，在当时的技术条件下，张衡地动仪已经是神一般的存在。

张衡及其发明的地动仪雕塑

【张衡地动仪的重建】

仅凭史书上的200余字，人们无法了解“都柱”的直径、高度和形状等细节信息，也无法知道陇西地震的程度。今天的我们只有在科学地了解地震的成因和表现之后，才有可能再现地动仪。

从20世纪末期开始，日、英学者已经完成了对张衡地动仪的研究，继而发明现代地震仪并取得一定的成果。1917年，留美学者吕彦直在《科学》杂志第3卷第9期上以科学的方式介绍了张衡地动仪。1931年，李善邦在我国自行建设的第一个地震台悬挂了地动仪的复原图，后来研制出中国第一台地震仪。1951年，王振铎按照米尔恩的悬垂摆原理绘制了地动仪复原模型。但是，这些研究要么与《后汉书·张衡传》中所描述的地动仪结构有出入，要么实际应用效果不佳，所以，学界对张衡地动仪的研究和争论一直没有停止过。

值得自豪的是，中国的学者们一直没有放弃过对张衡和地动仪的研究。经过多年的努力，中国科学院的冯锐、北京航天控制仪器研究所的殷正和在充分研究的基础之上，分别制作了自己的模型。

两位学者制作的地动仪模型不尽相同，最大的不同在于对“都柱”的理解。他们都认为“直立杆”方式在灵敏度、准确性以及部件制造精度等方面存在问题，所以都未采用。冯锐采用了“悬垂摆”方式，殷正和采用了“倒立摆”方式。双方各有支持者，“悬垂摆”方式与“都柱”更吻合。

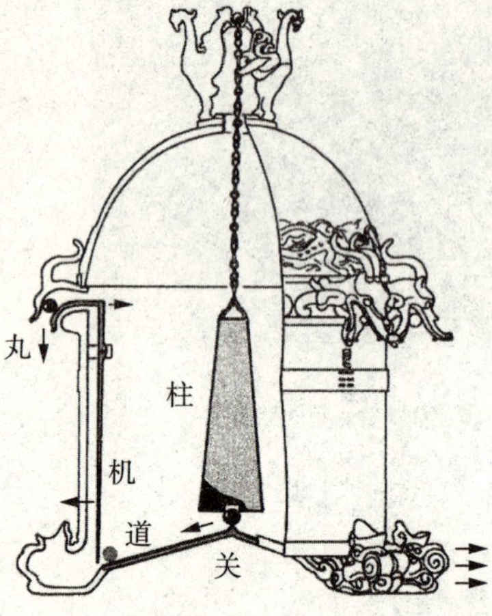

“悬垂摆”地动仪

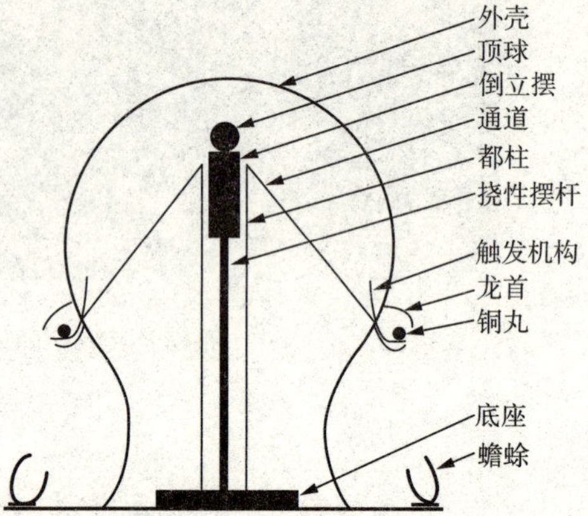

“倒立摆”地动仪

经过测试，两种重建的地动仪都较好地再现了《后汉书·张衡传》所记载的效果，这证明了张衡地动仪并非子虚乌有，也间接证明了张衡地动仪是科学史上伟大的创举。

【张衡的科学精神】

从史书中有关于地震现象的记录到制作出第一台能够有效检测出地震的仪器，人们至少用了1800年的时间，再发展制造出现代科技仪器又用了大约1800年的时间。作为世界上第一台能有效检测地震的仪器，张衡地动仪无疑是这个艰苦历程中的光辉节点。张衡的成就源于其不断地求知和不懈地努力。张衡的科学精神和伟大贡献不仅使其闻名世界，还使其受到全世界的广泛尊重：月球背面的一个环形山被命名为“张衡环形山”，太阳系中的1802号小行星被命名为“张衡星”。

连环画《张衡》封面

【地动仪的意义】

张衡发明的地动仪是人类有史以来第一个有文字记载的可以有效检测地震的装置，其后人们发明的各种地震仪或多或少地运用到张衡地动仪的检测原理。所以，张衡是人类发明地震装置的鼻祖，在地震研究史上具有重要地位。

张衡地动仪的研制和发明是人类从神灵崇拜、自然崇拜、祖先崇拜到主动、客观地认识世界的典型范例，是人类认识世界的一次飞跃。张衡通过对地震的观察、分析、总结，设计了候风地动仪，为人类科学地认识世界迈出了坚实的一步。

张衡地动仪虽然不能科学地解释地震产生的原因，但为后人研究包括地震在内的诸多自然现象奠定了基石、提供了参考。

虽然张衡生活在崇尚“气”“天人感应”“天命论”的时代，但是他并没有盲目相信“天相”和“谶纬”，而是通过自己的研究和反复探索发明了史无前例的候风地动仪，其蕴含的科学精神在那个时代是巨大进步，为中国古代思想注入了科学的元素。

读后一探

张衡地动仪的诞生绝不是偶然的，地动仪是张衡在天文、地理、数学、哲学等多方面智慧的结晶。他先后著有天文著作《灵宪》《浑天仪图注》、数学著作《算罔论》，发明了水运浑天仪和地动仪。在当时的机械技术条件下，地动仪是张衡通过反复实践制作而成的，是集观察、分析、总结、实践等研究方法于一身的典型科学范例。虽然张衡在解释地震现象时没有摆脱“天人合一”“天命论”等观念的束缚，但其仍然是中国科技界的一道曙光，不愧为中国科技发展的一位先驱。

参考文献

[1] 李约瑟．中国科学技术史（第三卷）：数学、天学和地学．梅荣照译．[M]．北京：科学出版社，2018.

[2] 赵鹏飞，李吉奎．地震 [M]．南京：南京出版社，2016.

[3] 刘永平．张衡研究 [M]．北京：西苑出版社，1999.

[4] 刁颋．夏帝发七年“泰山震”的解读 [J]．国际地震动态，2010 (4)：36－44.

[5] 孙建华．中国古代地震知多少 [J]．中国减灾，2008 (9)：44－46.

[6] 张丽芳．地震小档案——地震之最 [J]．城市与减灾，2000 (1)：28.

[7] 王汝雕．1556 年华县地震“震亡 83 万人”质疑 [J]．山西地震，2007 (2)：42－46.

[8] 高继宗．中国古代的地震预测 [J]．国际地震动态，1996 (4)：7－17.

[9] 张树清，雷中生，李秦梅．中国古代的地震成因理论 [J]．地震研究，1996 (3)：300－303.

[10] 冯锐．地动仪研究中的五个地震学基本概念 [J]．中国地震，2016 (4)：571－583.

［11］冯锐．地动仪的复原研究［J］．科学（上海），2014（5）：38－42，2，4.

［12］张正严，关增建．对冯锐复原地动仪若干质疑的述评［J］．自然辩证法通讯，2015（1）：149－154.

［13］殷正和．张衡地动仪工作原理新探讨［J］．自然辩证法通讯，2020（3）：70－76.

［14］马云泰，马长德．论张衡的科学技术成就［J］．南阳理工学院学报，2016（3）：123－128.

豆腐始祖：刘安

许克锡　葛　雯

刘安（黄佩馨　瞿福如/绘）

2019年9月30日，为迎接中华人民共和国70周年华诞，人民大会堂举办了隆重的国宴。国家级别的饭局都吃些啥？根据报道，国宴菜谱中豆腐制品竟有2款：平桥豆腐羹和文思豆腐。

先说江苏淮安的平桥豆腐羹：天下无人不爱鲜香，平桥豆腐能让南北宾客为之折腰。盐卤点浆的细嫩豆腐，保障了咸香的最初体验；用鲫鱼脑和鸡汤调味，越发鲜美。说到文思豆腐："味在四川，刀在淮扬。"淮扬菜系的刀工，以文思豆腐最为代表。易烂、易粘刀的嫩豆腐，被根根分明地切成发丝一般精细，放入高汤之中，轻轻摇晃，汤中的豆腐丝纷纷散开，轻轻柔柔，绵而不断。没有3到5年的修炼，是无法达到这种刀工的。

豆腐之所以走进国宴，是因为豆腐是中国菜，由中国人发明，然后走向世界，征服了世界各地人的胃口；更因为经历2000多年的发展演变，历代大厨把豆腐色香味之美演绎到炉火纯青的地步。安徽八公山、湖北黄州、福建上杭、河北正定的豆腐以及广西桂林、浙江绍兴的豆腐制品（分别是腐竹、腐乳）自古有名。至于民间传说中的东坡豆腐、王致和臭豆腐和安徽淮南中国豆腐文化节等，更是把豆腐推向了高雅的文化层面。

“中国是豆腐的‘师傅之国’。”这话是日本人说的，据称豆腐是在奈良时代传到日本的，后来继续传播到东南亚、南亚、西亚、欧美地区，可以说豆腐传遍了世界各地。

【孝亲，刘安发明豆浆】

西汉高祖刘邦开国，刘安是刘邦的孙子，其父淮南王刘长是刘邦最小的儿子。

公元前 174 年，刘安 6 岁的时候，父亲刘长被人告发谋反，汉文帝仁慈大度，赦免了弟弟的杀头之罪，但废除其王位，把他流放到四川蜀郡。公元前 172 年，刘安 8 岁，跟随父亲流放蜀郡。途中，刘长不堪其辱，绝食自杀，年仅 25 岁。此时，刘安有 3 个弟弟。汉文帝怕人说闲话，同时也出于对刘长之死感到歉疚，把其父淮南王封地一分为四，封给刘安兄弟为侯，刘安排行老大，封为阜陵侯（阜陵城位于安徽全椒县陈浅乡）。刘安 8 岁封侯，幼年失怙，艰难度日，依靠母亲抚养。在阜陵为侯 8 年，刘安度过少年时代，在这里接受母亲、师傅的教育熏陶，后来成为大学问家，其传世名作有《淮南子》《离骚传》，都为具有划时代意义的学术巨著。这一切都源于母亲的教导。

16 岁的时候，刘安由阜陵侯改封为淮南王，封地也从阜陵迁往寿春（今安徽省寿县），阜陵为淮南王王国属地。

刘安的母亲，自从遭受离乱之苦以来，忧思过度，身体一直病恹恹的，如今苦尽甘来，清淡素食依然不改。刘安是个重亲情的大孝子，他不仅每天陪母亲吃素，还为她的病情夙夜忧叹，多方召集道士、儒士、郎中以及江湖方术之士炼制丹药，试图为母亲寻求到长寿秘方，无奈效果总是不尽如人意。

正所谓，日有所思夜有所梦。一天夜里，刘安竟然做了一个奇怪的梦，梦见自己忽然见到城北山上下来的 8 位长老，须长齐胸、神采奕奕、健步如飞。刘安大惊，疑是神仙，便为母亲跪求长生不老妙方。长老们坦言，他们常吃用磨碎大豆做成的食物，才如此精神矍铄、仙风道骨。

半夜醒来，刘安记住了妙方，开始按照梦里长老们的提示如法炮制。

他首先研磨泡豆，再以石磨制作豆浆。此后刘安每天用泡好的黄豆磨豆浆，再添加麦芽糖给母亲喝。老母亲也十分爱喝，病情果然有所好转。从此，喝豆浆便在王公贵族中流传开来。

豆浆，汉民族传统饮品，营养丰富，易于消化吸收，其营养保健功能毋庸置疑。李时珍《本草纲目》记载：豆浆，性平味甘，利气下水，制诸风热，解诸毒。西方人称之为“植物奶”。

还有一说，刘安来淮南之前已经有了豆浆。当时淮南一带山民已经用山上珍珠泉水做出豆浆饮料，刘安来到淮南以后入乡随俗，不仅爱喝豆浆，而且将其作为炼丹的原料。

【求道，刘安发明豆腐】

从高祖刘邦开始，汉代治国方面崇尚道家、抑制儒家。流行的道家观念认为，百姓可以自我管理，政府做做“后勤”并加以鼓励即可，如鼓励农耕、免租减息；但要抑制儒家，将儒生治罪下狱。这样的治国理念，致使整个统治阶层笃信道教，讲求黄老之术，追求富贵长生。淮南王刘安顺应时代潮流，尤其是主张人生积极有为的父亲刘长英年早逝对他打击很大，信奉道教追求长生不老对其具有很大的吸引力。

刘安顺应时势，为人好道，谋求长生不老，甚至不惜重金，广召江湖方术之士炼丹制药。

一天，有八个仙翁登门求见。门吏见是八个白发苍苍的老者，没看上眼，不予通报。八公见此哈哈大笑，摇身一变，变成八位角髻青丝、面如桃花的少年。门吏一见大惊，急忙禀告刘安。

刘安闻讯，顾不上穿鞋，赤脚相迎。

八位仙童又变回老者，刘安恭请他们入内上座，一一拜问姓名，原来这八位是：文五常、武七德、枝百英、寿千龄、叶万椿、鸣九皋、修三田、岑一峰。八公各有一套绝活：画地为河、撮土成山、摆布蛟龙、驱使鬼神、来去无踪、千变万化、呼风唤雨、点石成金。刘安大喜，拜八公为师，一同在城北门外的山中苦心炼长生不老仙丹，淮南八公山就此名闻天下。

有八公辅助，刘安炼丹炉火纯青，不在话下。

话说有一天，在炼丹炉前，刘安看炼丹出神，竟忘了手中端着豆浆，手一抖，豆浆泼到了炉旁供炼丹用的一块石膏上。不多时，有人发现，凭空多了一摊白生生、嫩嘟嘟的东西，而那块石膏不见了。八公之一、能够呼风唤雨的修三田头脑灵活，知道那是刚才豆浆变成的，便抓在手里大胆尝了一尝，叫道：“很美很美，可惜太少，能不能再来一些让大家都尝尝呢?”刘安就让人把他没喝完的豆浆连锅一起端来，把石膏碾碎搅拌到豆浆里。一时，锅里凝结出白生生的豆腐来。刘安连连惊呼：“离奇！离奇！”豆腐就这样在不经意之间被发明出来了！但是叫什么名字呢？淮南八公山人初称豆腐为“黎祁”，也许是依据“离奇”的谐音而来。

豆浆遇熟石膏很快变成豆腐，这是符合科学的。实践中，石膏点豆浆，一般豆浆温度只要在75℃～90℃，即可凝固成豆腐。刘安发明豆腐的说法是比较可信的，这种思路富有智慧，最早被载入明朝罗颀的《物原》之中，同时代李时珍《本草纲目》记载：“豆腐之法，始于汉淮南王刘安。”

安徽寿县人民政府立碑纪念豆腐发祥于此

【豆腐发明之别说】

大部分人认为，豆腐起源于西汉时代，是淮南王刘安发明的绿色健康食品，但是在民间，关于豆腐的发明者和起源地还有另外一些说法。

有人说豆腐的祖师爷是战国后期的乐毅。关于豆腐起源的地点，根据现有资料记载，除了安徽淮南八公山，还有安徽池州市青阳县的说法。提出这种说法的是日本学者筱田统，他的依据是五代时期陶谷的《清异录》。《清异录》有语：“为青阳丞，洁己勤民，肉味不给，日市豆腐数个。邑人呼豆腐为‘小宰羊’。”

豆腐到底是何人于何地所创，学术界尚无明确定论，但自古以来大部分人相信，豆腐是刘安发明的。科技界李治寰先生提出“豆腐制法与道家炼丹有密切关系”，说道家炼丹用豆浆来培育丹苗，无意中发明了豆腐。中国古代文献中记载最多的也是淮南王刘安修道炼丹时发明了豆腐。

【豆腐的广泛传播】

豆腐发明以后，很快就流入民间，成为百姓喜闻乐见的健康食品，并在盛世经过各地能工巧匠、炊事大咖之手，开出不同的花，结出不同的果。

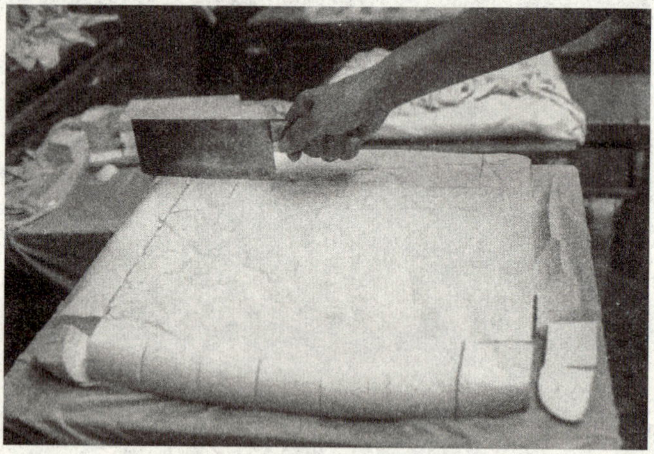

民间制作的豆腐

豆腐，五代时期已在中国南北食物市场广泛存在，人们称呼豆腐为“小宰羊”，认为豆腐的白嫩与营养价值可与羊肉相提并论。到了宋代，各地普遍开设豆腐作坊。史料记载，人们登泰山前，都会尝尝绵滑细腻的泰安豆腐，山东泰安豆腐作坊磨轮辘辘、豆香四溢。

需要说明的是，豆腐发明已有2000多年历史，但是豆腐名称大约是到了唐宋以后才确定下来，之前有多个名字，如“菽乳”“黎祁”“小宰羊”等。也是在唐代，豆腐经由鉴真和尚传到日本，在宋朝又传入朝鲜半岛。但是传入欧洲、非洲和北美等地，逐步成为世界性食品，那就较晚了，大约在20世纪初。

有人对豆腐在中国的广泛传播进行了一番研究，认为豆腐在中国形成了以皖西、豫东、鲁西为核心的豆腐中心区。从宋代开始，豆腐从这些中心区向其他区域传播。

历史上，宋代和清代是豆腐生产发展比较突出的两个时代，宋代豆腐广泛普及到南方地区，清代豆腐传到全国各地。

在豆腐制作工艺上，一直存在着泡豆和点浆上的差异。在点浆上，北方以盐卤点豆腐为主，南方以石膏点豆腐为主。一些特殊地区还存在着交叉使用点浆剂的现象，如四川、湖南、湖北和江淮地区使用山矾叶，山西使用醋酸，浙江、陕西使用酸浆，贵州、川南等地使用硫酸镁（硫苦、苦盐）等。

传统豆腐制作工艺流程

豆腐工艺于20世纪初传入法国，这是中国餐饮对欧洲最重要的贡献之一。那时欧洲奶牛暴发传染病，牛奶受到污染，奶制品价格猛涨，万国牛奶公会商讨对策，中方代表提出以豆腐来替代牛奶的想法获得好评，后来万国牛奶公会在巴黎创立豆腐实验室，建立了豆腐工厂，成立欧洲豆腐公司，豆腐声名鹊起。法国人称豆浆为“中国奶”，豆腐由此传遍欧洲各地，也传到了美洲、非洲等地。非洲人不仅喜爱中国豆腐，还热衷于豆腐制作，烧出多种风味的豆腐菜肴。

读后一探

发明创造是怎样开始起步的？开始于奇思妙想吗？

未必，有时候是从发现开始的。

当热豆浆遇到了熟石膏，化学反应就悄悄发生了：石膏不见了，随之出现的白生生、嫩嘟嘟的东西，是一种全新的物质状态。

回头想想，热豆浆遇到熟石膏，发生的概率何其低！难怪李治寰在谈到豆腐的由来时提出：豆腐制法与道家炼丹有密切关系。就是说，道家炼丹的时候会出现这样的偶然机会，但是，不经意发生的事情，如果没有人在意，发明便失去了重要的前提——发现。由此可见，观察，是重要的；思考，同样重要。发明，需要一双慧眼，也需要敢试敢闯、敢想敢干。

参考文献

[1] 应克荣. 豆腐起源考 [J]. 安徽史学，2013 (3)：127-128.

[2] 应克荣，兰回回. 论作为淮南城市品牌的豆腐文化 [J]. 淮南师范学院学报，2013 (6)：40-44.

[3] 秦春艳. 历史时期中国豆腐的生产发展与地域空间分布 [D]. 重庆：西南大学，2016.

[4] 郭伯南. 豆腐的起源与东传 [J]. 农业考古，1987 (2)：373-377.

活字印刷术鼻祖：毕昇

程慧嘉

毕昇（黄佩馨　瞿福如/绘）

关于中国古代四大发明——造纸术、指南针、火药和印刷术，对世界文明发展所产生的影响，人们常常引用马克思的评价，称这些是预告资产阶级社会到来的发明。火药把骑士阶层炸得粉碎，指南针打开了世界市场并建立了殖民地，而印刷术则变成了新教的工具。英国哲学家培根说：印刷术、火药和指南针，曾改变了整个世界事物的面貌和状态。可见，不论是物质方面还是精神方面，中国人民的这四大发明对人类社会文明的推进产生了巨大的作用。在这里，我们必须注意的是，印刷术是指活字印刷术，因为印刷术有多种，比如雕版印刷术，其比活字印刷术的发明时间更早。活字印刷术的发明人是中国宋朝人毕昇。当我们置身窗明几净的书房，翻阅一本本图书时，我们不应该忘记：这是活字印刷术给我们带来的泽惠。

【印章与雕版印刷术】

雕版印刷术是活字印刷术的前身。相对于“活字”印刷，雕版印刷的是“死字”。为什么这么说呢？这得从雕版印刷术的最初原理——刻章说起。

雕版印刷，是在具有一定厚度的平滑木板上，先粘贴上抄写工整的书稿，这样，字就印成了“反体”，笔画清晰可见，但是与正常的字形正好左右相反。雕版者用刻刀把雕版上没有笔画的部分全部凿去，这样，雕版上便凸出一个个“反字”的笔画。这在雕刻业内被称为“阳文”。印刷时，在凸出的笔画上刷上墨汁，趁墨色未干，将纸张覆盖在雕版上，轻轻刷拭纸面，一个个汉字便全部出现在纸面上。目前，中国扬州保留着一套完整的古老雕版印刷工艺，2009 年，这套工艺被列入世界“非遗”名录。

以雕版印刷术的出现为分水岭，从功效上看，印刷业存在两个截然不同的界面。此前印刷业发展一直很慢，此后则效率大大提升。

众所周知，纸张是东汉时蔡伦发明的。此前，中国的书写材料经历了甲骨、简牍、金石和缣帛。在龟甲、牛的肩胛骨上刻的字，是目前中国成系统的、最古老的文字，叫甲骨文，举世闻名。从甲骨文研究中得知，这种文字内容在时间跨度上是从商朝盘庚迁殷时期至商纣王时期，共 270 多年历史，目前发现的有 4500 多个汉字，其中人们已经识读的有 2500 多个，可以说这是中华几千年文明史的滥觞。从内容上看，商朝的统治者很迷信，事事讲究预测，其担心的事情有会不会有灾祸、出征讨伐会不会失败、首领的病情会不会好转、某个女人会不会生育孩子、天会不会下雨、应该祭祀哪方神祇，等等。预测的具体方法是，先在乌龟背骨或者牛的肩胛骨上钻出一些小坑，然后将这些小坑放在点燃的火苗上加热，使甲骨产生裂痕。这种裂痕叫“兆”。占卜的“卜”，就是裂痕之象，即“兆”的样子。专门从事占卜的人便根据这个特定的“卜”象来判断、分析吉凶。这一活动的过程被记录在甲骨上，便形成了现在我们能见到的甲骨文。

商朝灭亡后，商王用来占卜的这套方法，周朝统治者几乎并不感兴趣。这套占卜方法也就逐渐淡出了周朝人的生活，甲骨文也因此渐渐不为人知。

目前的考古发现表明，周朝人经常将一些重大活动和事件镌刻在青铜器皿上，成为青铜铭文。事实上，商朝时也有青铜铭文存在，只是数量较少。这并不难理解，因为铸造青铜器并在青铜器上刻字，在几千年前的商周时代，并不是一件容易的事情。

由于青铜铭文的产生、使用以及传播都是来之不易的，于是，作为留存文字符号的新载体便出现了，即竹、木等，于是竹简、木牍应运而生。

竹简、木牍，是人们以竹、木制作而成的书写材料，将竹子或树木削成狭长的竹片、木片，用毛笔蘸墨在上面书写。从春秋到魏晋，近1200年里，竹、木是主要书写载体。朝廷颁布诏书律令使用的简牍的长度为3尺，抄写经书使用的简牍的长度为二尺四寸，民间书信使用的简牍的长度为一尺，因此民间书信至今又被称作“尺牍”。将一条条竹（木）片串联在一起，便形成了册。册的繁体字形为“冊”，是用一根线将数条竹、木片串联起来的象形。用麻绳串联的叫“麻编”，用熟牛皮绳串联的叫作“韦编”。历史记载孔子晚年喜欢读《易》，“韦编三绝”，意思是不断翻看这部《易》，把串联简牍的牛皮绳子都弄断了好几次（三在古代汉语中表示多次、数次，而不是表确数）。后来，这个成语用来比喻读书勤奋刻苦。

用竹木削成片作“书”，对一些大部头著作来说，那是十分庞大的工程，要用很多竹木片方可抄完，即所谓“汗牛充栋”（老牛拉出了汗，屋子里堆满了书）。这些用竹木片抄写成的书，体积大、重量大，如果外出携带，自然不便，人们只有继续寻找新的书写载体，于是缣帛闪亮登场。

缣帛是丝织品，姑且不论它的吸墨性如何，单就其昂贵成本，不说古人，即便当今大款，又有几人能承受得了？因此，真正书写方便而又成本适中的，应该是东汉蔡伦发明的纸。关于蔡伦发明纸，本书中另有《造纸祖师：蔡伦》可参见，此略。

纸为抄写书籍提供了便宜的材料，而传抄的讹误是难以避免的。人们若想得到一本书，就必须抄写，这不仅工作量浩繁，而且一抄十、十抄百，容易以讹传讹，时间一长文献原貌就面目全非，但是一些重要的文献，是不允许产生任何差错的。

西汉武帝时，董仲舒提出“罢黜百家，独尊儒术”，得到汉武帝大力推崇，从此，儒家文献被奉为经典，成为法定的教科书。这样，儒家文献就必须有一个标准文本，而当时的儒家文献早已与其他文献一样，存在着多种不同版本，于是在汉灵帝熹平四年（175），大臣蔡邕得到灵帝许可，将儒家7部经典文献刻成石碑，树立在洛阳太学府，史称熹平石经，轰动全国。熹平石经共46块，每块高3米多、宽1米多，所刻《鲁诗》《尚书》《周易》《春秋》《公羊传》《仪礼》《论语》全部是统一隶书。每天来太学府研读、抄写的人络绎不绝，“车乘日千余两（辆），填塞街陌”，即出现堵车现象。

这么多人研读、抄写，势必拥挤不便，于是有人干脆用纸来拓印：先在石经上涂上墨，趁墨未干，用纸覆盖在上面，轻轻抚刷，揭下纸，便可得拓印的石经。可见，拓印熹平石经是纸张和刻石文字均出现之后的产物。

既然在石经上可以拓印，那么，在木刻文字上当然也可以拓摹。这样，雕版印刷术便得以产生。

雕版印刷的版面大小，可以根据雕刻者事先的设计，把木板制成想要的尺寸。至唐朝，雕版印刷术的发展达到顶峰状态。唐咸通九年（868）印制的《金刚经》，是目前可见的世界上最早的雕版印刷品。

【失败中突现的灵感】

北宋初年，印书事业的发展突飞猛进。有人做过统计，从西汉到隋唐，共出版书籍 2.3 万余部、27 万余卷；可有宋一朝，仅约 300 年，就出版书籍 1.1 万余部、12.4 万余卷。尤其是宋初朝廷组织编写的《太平御览》《太平广记》《文苑英华》《册府元龟》“宋四大书”，规模空前，字体优美，纸墨精良，装帧考究，校勘精当，被公认为雕版印刷之“珍本”。当时，全国刻书中心在杭州。在大量的刻书实践已经积累了革新雕版印刷术的技术和条件，而这一重大历史使命，就落在一个平民——毕昇的肩上。毕昇当时也曾在杭州刻书。

毕昇塑像

目前，中国的绝大多数中学生只知道毕昇是活字印刷术的发明人，这个故事被记载在北宋科学家沈括的著作《梦溪笔谈》中。

随着太宗、真宗年间文化印书事业的迅猛发展，毕昇来到全国印书中心——杭州，著名的“宋四大书”都是在这里印刷的。由于是皇帝提倡和直接过问，雕版印刷术的质量及技艺革新是一项备受重视的事情。

经过一段时间的实地考察，毕昇深知阻碍雕版印刷术质量的“绊脚石”在哪里。首先，工匠要制好光滑平整的雕版。需要印刷的内容，将被刻写在这些雕版上。其次，写工要用统一规格的纸张，将准备印刷的书籍内容工工整整地抄写一遍，然后将抄好的纸字面朝雕版贴上去。这样，每一个字的笔画便印在雕版上，但字体的左右是相反的。再次，刻工便用专制的刻刀，将雕版上没有笔画的部分全部凿去，但不凿穿，留在雕版上的便是所需要的字的“反字”。每个字都这么刻，可见刻工的工作耗时是很长的。一些大部头图书，刻工一干就是三五年，甚至七八年。为了保证整部书字形风格的统一，通常写工和刻工分别由专人一任到底，写工是一个人，刻工也是一个人。可是，毕昇就亲身经历过一名刻工还没有完成一部书的镌刻任务就突然离世的情况，这就不得不重新物色刻工接着镌刻。然而，毕竟换了人手，后者无论怎么注意，也避免不了字形的差异，以致成本出现字形前后不一的遗憾。

再说，刻字如抄写，也难免出现错误。刻工们兢兢业业，从早到晚，累得弯腰弓背，辛辛苦苦完成一版，可往往检查时，还是会发现一两个字刻错了。出书人是无法接受书页中有错字的现象的，这样，这块整版只有作废，从头再来！这不仅耗费刻工的大量时间，还浪费珍贵的雕版材料，书坊老板和刻工都十分痛心。可是，这样的情形是经常发生的，由此而产生的浪费也就不言而喻了。

即便如此，书坊也很难满足社会上不断增长的刻书需求，图书的规模越来越大，刻书的成本越来越高，这些是摆在出版界人士面前亟待解决的问题。

一天，写工、刻工们都收工了，毕昇面对着墙角的一堆“废版”望“版”兴叹。其中有一块整版字迹工整，只是因为刻错了一个字，便整版作废了，毕昇觉得非常可惜。他在这块废版前来回踱着步，思考着：这块不可多得的好版，能“救活”吗？他走走停停，停停看看，看看想想……突然，他拿起刻刀，在“废版”前蹲下来，像一名外科大夫，小心翼翼地将那个刻错的字从雕版中剜出来，但并不凿穿雕版，给这块雕版开了个小小的“天窗”。然后，他找来一块边角料，锯成与雕版中字形大小一致的小木块，将小木块四周削得平整光滑，厚薄一如被剜出的那个“字模”。他在这个小木块上重新书写好正确的字的“反字”，并迅速刻好这个字，再将这个刻好字的“字模”嵌入雕版中的小“天窗”。毕昇不愧是精通雕版印刷术的“通家”，这个字模放在小“天窗”里，不大不小，与原刻几乎没有什么两样。

毕昇很高兴，将这块“救活”了的雕版放回成品雕版中，走出书坊时头上已满天星斗。

第二天，刻工发现这块需要重刻的雕版居然从废品堆“回到”成品雕版中，以为是自己昨天忘了扔它，可仔细一看，刻错的字居然是正确的！莫非是昨天检查时出了误差，把本来正确的字当作错字了？

“没有错吧？”刻工正满脸疑惑地审视雕版时，听见后面有人说话了，原来是管理书坊的大师傅毕昇进来了。当刻工听完毕昇“补救”错版的描述之后，双眼瞪得大大的，看着毕昇说：“好办法！好办法！”

“拯救”废版的这个办法，对毕昇启发很大：既然单字可以这样调换，那么，整版中的每一个字都可以如此“拆拼”，这让毕昇豁然开朗——将需要印刷的、整部书中涉及的所有字，每个字都刻一个字模，就像一枚枚小印章。重复的字，就重复做一枚；重复几次，就刻几枚。然后，根据文章中各字出现的顺序，将一枚枚小“印章”排在一起，完成排版。书页想印多大，就制作多大的版面；小“印章”排满一版，再另排一版，即开始了另一页，直到排完。印完一部书之后，再将这些排好的雕版拆开，一枚枚小“印章”便又成为一个个独立的汉字。在印刷下一部（本）书时，重新给这些小“印章”排队、集合；已有的小“印章”中没有的字，再补充镌刻。这样，印刷上一部（本）书时所用的所有字模，不再像以往雕版印刷中所刻的字模——一个个“死”在原装的雕版中，不能移动。这些小“印章”都是“活”的，均可再次乃至无数次派上用场，不仅材料不再浪费，还节省了刻工的大量时间，这真是一举两得的大好事！

想到这里，平时一贯沉默寡言的毕昇居然不由自主地“哼哼”起来，引来写工、刻工们好奇的目光。当他们听完大师傅描述的这一设想时，个个竖起大拇指，纷纷表示愿意配合毕昇做活字印刷的试验。

从这时起，毕昇领着这班写工、刻工，开始制作活字印刷所需的小“印章”。这一年，是宋仁宗庆历元年（1041）。

【活字印刷术的诞生】

因为雕版印刷主要是利用木材做雕版材料，所以毕昇制作活字字模首先是在木材上进行。可是，整版雕刻与在小木块上雕刻小“印章”是有很大区别的。本来木材的纹理就不均，树心部分木质坚硬，距离树心越远，木质越疏松，整版刻字时，纹理不均的受力差距表现尚不十分突出，可是换成一枚枚小木块，木质坚硬与疏松的差距就明显了，稍不注意，小木块就有可能被刻崩，导致字模被废弃。

字模刻好了，毕昇选用一块铁板，将字模按顺序排版。排满一版，四周用铁框约束住字模，形成一个完整的版面。给字模刷上墨汁，可字模受潮后便开始变形，导致版面不平整，印出的字迹深浅不一。再加上铁板移动以及刷墨、贴纸等，都会不断触动一枚枚小“印章”，从而导致版面内的字模七扭八歪，严重影响印刷质量。这样，有必要将小“印章”固定在铁板上。

毕昇想出了这样一个办法：先将一些松脂和蜡放在铁板上加热，当松脂和蜡融化成液态时，将一个个字模粘上去，排成一版，再用一块平整的铁板或木板按压一下，使版面平整。等松脂和蜡冷却，就开始刷墨印刷。如果一次要求印刷10本、20本，这个版面就要印刷10次、20次；如果要印刷100册、1000册，就要印刷100次、1000次，以此类推。

这样，版面的平整度确实好多了，但是，字模底部受液态松脂和蜡的侵蚀，上面因刷墨而受潮，时间一长，木刻字模还是容易变形。更为严重的是印刷完毕拆下字模时，松脂和蜡粘在字模上，很难清除干净，残存在字模上的松脂和蜡，影响下一次排版，也影响版面整洁。受潮变形和脱模不净的问题如果得不到解决，那么，节省刻工时间和刻字材料的目的便很难达到。

工作之余，毕昇一边喝茶，一边琢磨着这些问题。他的目光紧盯着一枚枚变形的小“印章”，百思难解。最后，他的目光落在茶缸上。

这是一个民间常见的小瓷缸，上面简约地印着几根兰草，清新雅致。毕昇的目光突然定住了：如果这几根兰草是字的笔画或者汉字，那么，岂非既不吸水变形，又光滑不粘松脂和蜡？再一想：如果将字模烧成“瓷器”，那么，这个成本会令书商望之兴叹。可是，每个字模不一定要烧成“瓷器”，只要能达到不吸水、不变形的程度也就可以了。这样，毕昇开始试验用泥土烧制字模。

取土，比选取木材要容易得多，泥坯字模很快被放进火炉。可随着泥坯水分的蒸发，有的字模居然开裂；有的虽然没有开裂，可一触即碎，无法成模。

毕昇毫不气馁，拎着这些残缺不全的泥坯字模来到市郊一家窑厂，向烧窑师傅请教字模开裂和易碎的原因。经师傅指点，毕昇发现自己在选泥及制泥坯上功夫不够。他回到书坊，首先选择黏性较强的胶泥，然后加水搅拌、捶砸、阴干，将“生泥”做“熟”，最后刻成的字模烧制出来后，果然不吸水，也不开裂。当印刷完毕后，虽然铁板已经冷却，但抖落下来的字模依然粘着松脂和蜡，不爽不净，影响继续使用。

毕昇毕竟是个经验丰富的手工艺人，他在松脂和蜡被加热融化之后，先撒上一些粉状纸灰，然后再将字模排上去——真是神来之笔！印刷完毕，只要一抖冷却后的铁板，所有字模便纷纷脱落下来，因为纸灰的作用，字模上再也不粘有松脂和蜡了。

世界上最早的活字印刷术就这样诞生在杭州，出现在毕昇掌管的书坊里。

毕昇发明活字印刷术这一重大历史事件，被沈括记入《梦溪笔谈》中。毕昇去世后，他制作的一套胶泥活字字模被其侄儿收藏。

毕昇发明活字印刷术为什么没有引起官方重视？正如沈括所说，如果只印三两本，毕昇的活字印刷方法并不算简易；唯有印刷的本数多，这种方法才算便捷。而在宋朝，虽然需要印刷的书籍规模已经很大，但由于文化普及程度并不高，买书的人不多，每部（本）书的印刷册数并不多，因此，活字印刷术并不能发挥很大作用，这就导致毕昇的发明在当时没有引起足够的重视，也没有得到有效推广。在此后漫长的历史时期，雕版印刷术与活字印刷术一直“和平相处”，直到清朝，雕版印刷术仍旧在印刷界占有重要地位。

除胶泥活字，活字印刷领域还有木活字、铜活字、锡活字、铅活字。木活字的长处是取材容易，但字模容易变形。金属活字平整、耐用，但着墨浅、成本高，一些笔画复杂的字不容易镌刻。铅活字在金属活字中一枝独秀。铅不仅不贵，而且熔点低，易于回炉，易于镌刻，是理想的活字材料，因此，在电脑出现之前，铅活字一直是印刷界的主导字模。

于当时而言，活字印刷术毕竟是新生事物，它以不可阻挡的势头，很快传播到我们的邻邦朝鲜、日本、越南，随后传播到欧洲。1450 年，德国人古登堡在欧洲首次创造并采用铅活字印刷时，毕昇发明活字印刷术已经过去 400 多年了。

【九百年古墓填补历史】

沈括在《梦溪笔谈》中将毕昇的活字印刷术介绍得十分详细，可关于毕昇的生平，只有 2 个字——布衣。在那个时代，穿不起绫罗绸缎，只穿着粗布土衣，官修正史中没有留下他的只言片语，也就可以理解了，因此，这位伟大发明家的籍贯、身世等一直是谜。可是这些谜，近年来终于有了可供解释的依据。

连环画《毕升（昇）》封面

1988 年秋，湖北省英山县草盘区的黄尚文在一个水塘边发现一块灰麻石石碑，上刻两行阳文“故先考毕昇神主、故先妣李氏妙音墓”；左边阴刻“孝子毕嘉、毕成、毕文、毕荣。孙男毕文显、毕文斌、毕文忠”；右边阴刻“皇祐四年二月初七日”，即立碑时间是公元 1052 年，距离毕昇发明活字印刷术只有几年时间。经专家鉴定，这是一块宋朝墓碑，确系沈括《梦溪笔谈》中所记载的活字印刷术发明人毕昇之墓。

随后，在距离这块墓碑不远处，人们又发现了毕昇孙毕文忠之墓。据当地文史工作者调研得知，历史上英山一带一直是毕氏居住地，而且自宋以来，当地刻工技艺远近闻名，一些技艺超群的刻工流动性很强。这一切，似乎都在向我们证明毕昇的籍贯是湖北英山。

1995 年，在英山发现的毕昇墓碑被鉴定为国家一级文物，现藏英山县博物馆。其一方复制品被送往北京，陈列在中国印刷博物馆，供人们瞻仰。1996 年，英山人民按照原来的规格，在原来的地方，修复了毕昇墓，以供后人凭吊。2006 年，一尊青黑色的毕昇全身塑像，出现在中华世纪坛主体建筑三层环廊内。塑像脚下，有一块简要介绍毕昇的石碑，上面已经明确其籍贯为湖北英山，这是几百年来有关毕昇简介的重大变化。我们期盼，随着越来越多的有关毕昇生平文献的出现，这位为世界文化事业发展作出杰出贡献的发明家的形象越来越清晰。

读后一探

恩格斯说：“历史活动是群众的事业。”由此，唯物主义者便认为，人民群众是历史的创造者。当同学们在教科书中读到这样的描述时，往往觉得这是一种“高大上”的论调，可是，当看完毕昇发明活字印刷术的故事之后，你们不觉得这确实是伟人的真知灼见吗？

一介布衣毕昇，因为对自己所从事行当有一份执着与敬畏，对工友的劳动有一份珍惜与怜悯，经过无数次的挫折与失败，他终于摸索出一种崭新的印刷方法与技艺，从而改变了人类印刷史。人类文明史上这浓墨重彩的一笔，就是来自这一介布衣。我们认为，这正是恩格斯“历史活动是群众的事业”的最好注脚，也是天下劳动者可以自励、自强、自信的经典标杆。

参考文献

[1] 潘吉星. 中国古代四大发明［M］. 合肥：中国科学技术大学出版社，2002.

[2] 李约瑟．中国科学技术史（第5卷）[M]．北京：科学出版社，上海：上海古籍出版社，1990.

[3] 陈力．中国古代雕版印刷术起源新论 [J]．中国图书馆学报，2016（2）：4-17.

[4] 沈括．梦溪笔谈 [M]．胡道静，注释．上海：上海古籍出版社，1987.

[5] 潘吉星．中国金属活字印刷技术史 [M]．沈阳：辽宁科学技术出版社，2001.

中国桥圣：李春

鲁玉芬

李春（黄佩馨　瞿福如/绘）

中国古代有许多闻名世界的巨大工程，如雄伟壮丽的万里长城、贯通南北的京杭大运河，都是劳动人民的伟大创造。其中，设计精良、举世闻名的赵州桥，是我国隋代著名的桥梁工匠李春的杰作，是浓缩了中华人民智慧结晶的标志性桥梁，开创了中国桥梁建造的崭新局面，为中国桥梁技术的发展作出了巨大贡献。

相传赵县在古代是交通要道，南通洛阳，北接琢郡（今北京），号称“四通之域”。因赵县古称赵州，故该桥称为赵州桥。该桥位于石家庄市赵县洨河上，建于隋代，桥长 64.4 米，宽 9 米，跨径 37.02 米，拱矢 7.23 米。从整体上看，它是一座世界上建造最早、跨径最大的单孔敞肩型弧形石桥，由 28 道石拱券纵向并列砌筑而成，其建筑结构之奇特，自古有“奇巧固护，甲于天下”的美称，堪称世界桥梁史上的杰作。据资料记载，自建桥以来赵州桥经历了多次地震，特别是 1966 年 3 月 8 日发生在邢台的大地震，赵州桥距离震中只有 40 多千米，却没有被地震破坏。根据《赵州志》和《正定府志》记载，自唐大历十一年（776）至清雍正八年（1730），共有 12 次大地震发生，虽然震声如雷，民屋倒塌，但赵州桥安然无恙。可以说，赵州桥是历经磨难仍然屹立至今，不能不让人对古人的建桥技艺表示敬佩。著名桥梁专家茅以升说：先不管桥的内部结构，仅就它能够存在1400多年就说明了一切。1991年，美国土木工程师学会将赵州桥评为“国际土木工程历史古迹”。2013年，赵州桥与美国罗斯曼廊桥（在美国艾奥瓦州麦迪逊县，美国畅销小说《廊桥遗梦》及同名影片中的故事就发生于此）结为“姊妹桥”。

【赵州桥的传说】

“赵州石桥鲁班修，玉石栏杆圣人留。张果老骑驴桥上过，柴王爷推车轧了一道沟。”一曲民间广为传唱的《小放牛》，把当年褡裢里装有日月星辰，倒骑毛驴行走在赵州桥上，检验这座桥工程质量并与鲁班斗法的张果老定格在赵州桥的神话传说中。相传在古时候，河北省赵县的洨河每当夏季便泛滥成灾，洨河两岸的百姓深受其害。当时的仙人鲁班爷爷为了使两岸百姓能够幸福生活，在一夜之间建造出赵州桥。当时，柴荣和张果老二仙刚好经过赵州桥，就问鲁班造的桥是否能够同时经得住他们二人。鲁班心想这座桥骡马大车都能过，两个人算什么，于是就请他俩上桥。谁知，张果老带着装有太阳、月亮的褡裢，柴荣推着载有“五岳名山”的小车，所以他们上桥后，桥竟被压得摇晃起来。鲁班一见不好，急忙跳进水中，用手使劲撑住大

赵州桥

桥东侧。由于鲁班使劲太大，大桥东拱圈下便留下了他的手印；桥上也因此留下了驴蹄印、车道沟、柴荣跌倒时留下的一个膝印和张果老斗笠掉在桥上时打出的圆坑。因此，一直到今天，河北省都流传着关于赵州桥的美丽传说：“仙驴驮日月桥留蹄印，神车载五岳圯存辙沟。”

【李春建桥的由来】

李春塑像

李春，现今河北邢台临城人，隋代造桥匠师。李春不仅有着凿石刻石的技术，而且能够设计和建造宫室、桥梁等大型建筑物。他这种超绝本领的获得，一方面是由于其聪明伶俐、学习认真、善于动手动脑；另一方面是由于他有一位技术高超的师傅。他的师傅对他非常关心，把全部技能都毫不保留地传授给了他，所以他对师傅是非常感激的。

有一天，李春听说师傅病得很厉害，便马上去看望师傅。李春的家和师傅的住处相隔一条河，这条河就是洨河。李春来到河边，正赶上下暴雨，河里的水呼啸翻滚，猛烈上涨。李春呆呆地在雨中站着，虽心急如焚，但由于河水阻挡，不能过去。雨停水退后，李春蹚水过河赶到赵州城里时，师傅已经离开了人世。李春大哭了一阵，冷静下来，抚摸着师傅留给自己的几个精致的石桥模型，立下志愿：在洨河上建造一座石桥，为赵州的百姓造福。

这当然仅仅是个传说。实际上是在隋朝时期，长期以来南北分裂、兵戎相见的局面结束了，中原实现了统一，“贾人皆于市”，这个时候，赵县作为隋朝重要的交通要道，对经济发展起着至关重要的作用，却被洨河所限，尤其是洪水泛滥时，交通严重阻塞，不利于户丁来往进行商业活动。正因如此，李春奉命在赵县设计构建桥梁，确保道路通畅。

【赵州桥的“三绝”】

赵州桥有“三绝”。

第一绝，赵州桥的券小于半圆。通常情况下，我国把一些弧形的桥洞以及门洞等建筑都称为券，一般多为半圆形。赵州桥的跨度很大，共有37.02米，如果按照正常的设计，把赵州桥的券修建成半圆形的话，赵州桥桥洞的高会近20米，这样桥就如同一座小山，车马行人过桥会非常不便。但是，赵州桥的券的设计不是半圆，而是一段弧。这样，一方面降低了桥的高度，方便了车马行人；另一方面节省了大量的石料以及人工，同时也增加了桥体的美感。

第二绝，赵州桥的撞空而不实。通常情况下，券的两肩往往被称为撞，并且修建石桥的撞时，需要利用石料砌实，然而，赵州桥的撞是空而不实的。赵州桥券的两肩处，分别砌有2个弧形的小券。通过计算得出，赵州桥的桥体一共增加了4个券，却能节省180立方米的石料，继而使得赵州桥的重量降低了大约500吨。另外，在洨河涨水时，券能够起到分流的作用，可保证水流的畅通，这减轻了洪水对于桥身的冲击，提高了桥的安全度。

第三绝，赵州桥的洞砌并列式。赵州桥一共有28道小券，它的大券是小券并列而成，共9.6米。但是，根据桥梁设计的计算公式分析，利用并列式砌无法使每一个窄券的石块相连，同纵列式相比，其不具有优势。在进行赵州桥的建造时，设计者在每道窄券的石块之间均利用铁钉把券连为一体，利用并列式砌的方式，这样即使发生某个券坏了的情况，也不会牵动全局，这降低了修补的难度，同时修补时不影响桥上的交通。

【赵州桥之美】

赵州桥有“三美”。

历史之美——赵州桥距今有1400多年历史，桥体全部由取材便捷的石料砌筑而成，横跨37米多宽的河面，是当今世界上现存历史最悠久、保留最完整的石拱桥。

设计之美——赵州桥的设计科学合理，施工技术巧妙绝伦，唐朝文人张嘉贞赞美曰“制造奇特，人不知其所以为”。拱小于半圆而藏于半圆，身凿空而轻盈，洞并砌而参差，夜光之下更是一番美景。其一，赵州桥既有北方桥的实腹厚墩、雄浑壮丽之美，又有南方桥的薄墩薄拱、轻盈灵秀之美，正如桥头关帝阁对联所云：“水从碧玉环中过，人在苍龙背上行。”其二，赵州桥上护拱的镶嵌样式，铁栏杆的位置、根数，包括栏杆的雕刻风格均沿拱轴线对称分布，整个桥梁的格局清晰明朗，结构显得均衡、匀称，增强了整体结构的稳定和平衡感，是庄重、完美、中正气质的体现；而两个腹拱大小不一，拱脚高程也不同，使结构避免了重复和单调。其三，空腹式构造具有结构上的合理性，从美学上看，挖空部分增加了虚实、空透的变化，避免侧墙过高导致的生硬、呆板，使结构显得更加轮廓分明、疏密有致、玲珑轻巧。同时，赵州桥位于洨河的直线段，挖空使视域障碍进一步减小，有利于桥与周围环境融合统一。

赵州桥侧面图

艺术之美——赵州桥上的雕刻丰富多彩、形象生动。主拱龙门石雕有吸水兽；栏杆、栏板上雕有双龙吐水、双龙戏珠等图案；仰天石上雕有石花装饰；就连主拱、腹拱的砌石上都雕有突起的花纹。这些代表了隋唐石刻的精华，同时为赵州桥增加了浓厚的文化色彩和艺术气息。

龙门石雕吸水兽及仰天石花饰

栏板雕龙（1）

栏板雕龙（2）

【赵州桥的沉浮】

“赵郡洨河石桥，隋匠李春之迹也。”这句出自张嘉贞《石桥铭序》的开篇之句，让后人知道了隋朝有一位了不起的工匠李春，其设计建造了赵州桥。如果没有这一记载，或许现在人们也只能知道“赵州石桥鲁班修，玉石栏杆圣人留”的传说了。

是谁让赵州桥真正在中国家喻户晓的呢？著名的桥梁专家茅以升曾经写过一篇深入浅出的文章——《中国石拱桥》。一代又一代人正是通过阅读这篇散文，知道了赵州桥的工艺成就与技术之美。

赵州桥历尽千年风雨依旧安静地坐落在那里，它的存在已经成为民族文化的一种符号，它的名字也将永远写在世界建筑的史册上。

读后一探

赵州桥畔有一尊重 1 吨、高3.2 米、座高 2 米的铜像，背西南面东北，身穿长袍，华发美髯，左手握图纸，右手自然下垂，目光深邃、刚毅，这就是世界闻名的“桥圣”——李春。当你面对这位“桥圣”，你会想到什么呢？这座用汗水浇灌的石桥——赵州桥，是中国人民的骄傲，是整个人类的自豪啊！生活在21 世纪的我们，在拥有前人伟大智慧的前提下，在拥有代替人工操作的施工机械、先进的科学技术与手段的基础上，切不可只追求工程进度、经济效益，甚至是“鲁班奖”之类，在工程建设中，要像李春一样，注入造福苍生的理念，建设出像赵州桥这样屹立千年的建筑物。

参考文献

［1］顾然．汪榕培译《枫桥夜泊》的传神达意之美［J］．边疆经济与文化，2014（12）：126－127.

［2］赵会涛．大跨度拱桥的结构选型［D］．成都：西南交通大学，2009.

［3］崔存明．正在消失的中国古文明：古桥［M］．北京：国家行政学院出版社，2012.

［4］茅以升．桥梁史话［M］．北京：北京出版社，2012.

［5］翁伟．基于赵州桥勘察研究结果探析石拱桥的建造技术及特点［D］．北京：北京建筑大学，2016.

［6］师郑峡，周成虎．创新精神是工程技术人员的灵魂［J］．经济研究导刊，2010（26）：231－232.

［7］杨塑．河北古桥之趣［N］．光明日报，2014－07－21（12）.

［8］迟桂芳，张汉军．李春桥梁建筑的设计思想及实践艺术成就［J］．兰台世界，2013（12）：128－129.

［9］周奕帆．浅谈桥梁建筑之美［J］．四川建材，2017（12）：61－62.

［10］杨玉荣．隋代桥梁工匠李春与其赵州桥的历史意义［J］．兰台世界，2014（24）：87－88.

［11］李白薇．赵州桥：跨越千年的奇迹［J］．中国科技奖励，2012（11）：76－77.

［12］渠胜恩．赵州桥传说的民俗文化内涵浅识［J］．青海社会科学，2012（3）：190－194.

麻醉祖师：华佗

黄必华

华佗（黄佩馨　瞿福如/绘）

对现代医学而言，麻醉药毫无疑问是一项伟大的发明。麻醉药极大地缓解了患者在手术中遭受的痛苦，大大地降低了手术的风险和死亡率。麻醉药发明之前的外科手术对患者而言就是一场噩梦。

在中世纪的西方，医生做一场外科手术的方法可以说是非常“野蛮”的。他们大多会采用物理麻醉的方式麻痹病患，比如用刀慢慢放血使病患昏迷以乘机手术，或者用酒将患者灌醉使其失去意识，或者用大锤把病人敲昏后开刀，更有甚者直接把病患捆绑在手术台上开刀。

很明显这些方法都很不靠谱，很多病人因为这些奇葩的麻醉方法，没等手术做完就死在了手术台上。

直到 19 世纪初，一个名叫戴维的英国人走进一个充满一氧化二氮的房间时发现自己的牙疼神奇地缓解了。他把这种缓解疼痛的气体称为笑气。1844 年美国人柯尔顿开始把笑气用于手术，后柯尔顿的助手威廉·汤姆斯·格林·莫顿开始使用乙醚做全身麻醉，至此麻醉药开始真正被人类所用，将无数的病患从物理麻醉的噩梦中解救出来。

近代西方医学的麻醉术发展了不过一个半世纪，在此 1600 多年前的华佗早就发明了麻沸散，并利用麻沸散做了许多外科手术，拯救了众多的病患。

【一代神医的成长】

华佗出生在东汉末年的沛国谯郡华家庄（今属安徽亳州），是家中的长子。汉朝末年，天下并不安宁，处处兵荒马乱，常常有人饿死、病死。

华佗的母亲程氏身体不好，常年大病小病生个不停，每当母亲生病时华佗就和弟弟一起抬着母亲去求医问药。这天程氏又病了，华佗急忙跟弟弟一起把母亲抬去医馆。不料刚到医馆门口，煎药的小童就告诉他们医生被县衙用官轿接走看病去了。

华佗一听心里急了，赶忙和弟弟抬着老娘去追赶医生，想着在医生进官府前能给母亲看个病。两人是一刻也不敢耽搁，紧赶慢赶地追上了官轿。华佗鞠躬作揖，想请医生给母亲看病，可医生连轿帘都不掀开，在轿子里说道：“对不起，谁让你们晚来了一步。”说罢，竟然就起轿走了。华佗是心急如焚却又无可奈何，只得把老娘抬回了医馆，坐在廊下等医生回来。

医馆门前东倒西歪地挤了一大片人，全是等医生看病的人。弟弟看着这场景心里有无限的感慨：“唉，要是能多几个为我们穷苦人家治病的医生多好，要是我们也会医术就好了。”说者无意听者有心，华佗此时在心里暗暗发誓要学习医术，一来可以给老娘治病，免去奔波之苦；二来可以救助那些穷苦的病人，减轻他们的痛苦。

不一会儿，又有一个病人被抬来，眼看着医馆外的廊檐下被病人挤得严严实实、满满当当，想“见缝插针”都没有办法。华佗心善，挪出一个位置招呼那家人把病人抬来。此时的华佗还不知道这位老人就是他学医路上的引路贵人。不一会儿，老人醒了过来，原来他也是位医生，因为连日的诊断，劳累过度才昏了过去。他看着华佗两兄弟很是感动，便着手给程氏把脉。华佗在一旁也看得出神，待老人写完药方交给华佗时便随口问道：“小伙子，你看得那么认真，你也想学医术吗？”

华佗见状便回答道：“还未找到师傅。”

老人说道：“你若不嫌弃的话，我有一间药铺，你去管管药、认认药材怎么样?”

华佗开心地点头答应下来，第二天一早就去了老人的药铺当伙计。华佗在药铺中采药、制药、购药，干劲十足，闲暇时刻就观摩老医生看病把脉。他对于医道颇有天赋，一年时间不到就对医道有所了解。

一天，老医生叫住正在研磨药材的华佗，对他说道：“华佗啊，你是个很有天赋的小伙子，可惜的是老朽医术有限，没有更多的医术教给你了。你如果有继续钻研医道的想法，一定要去普陀寺找广济和尚。”

华佗记住了老医生的话，去普陀寺找广济和尚求医问道。广济和尚不带徒弟，对于华佗的求教并没有答应。华佗也不气馁，每日药铺关门后就去普陀寺，广济和尚不答应教医术，华佗就坐在一旁听广济和尚念经。渐渐的，广济和尚也被华佗的坚持所打动，每日念完佛经后就念起了《黄帝内经》。华佗听后大喜，认真地听广济和尚念经，待他念完便下山点起油灯，一字一句地抄录在纸上，每每写完都能听到鸡鸣。

这样的日子过了几年，华佗记录下的东西有好几大本。这天晚上，广济和尚没有像往常一样念经，而是和华佗饮茶谈天。正聊在兴头上的时候，几个人抬着一个奄奄一息的病人来请广济和尚治病。

广济和尚推辞说：“我只是个和尚，只会烧香念佛，不知救世的良方。”他又看看华佗说：“你常来庙里听佛，这回就由你来念经吧。”

华佗看着垂危的病人，也十分急切，帮着病人家属求广济和尚医治，说：“长老啊，救人一命胜造七级浮屠啊，你就救救他吧!”

只见广济和尚双眼微闭打坐，口中念着佛经，并不理会华佗的话。华佗看在眼里急在心里，短叹一声，给病人把起脉来。此人看起来是患了晕病，华佗正要提笔开药方却一时间忘了药名。

这时广济和尚念了一句：“扁鹊注内经!”

华佗听到“扁”字，立刻脱口而出：“扁豆花!”

此时广济和尚也睁开了双眼，念了声：“阿弥陀佛，善哉！善哉!”

病人服了药后果然痊愈了，病人家属为表感激之情做了块“广济众生”的匾送到庙里。广济和尚对来到庙里的华佗说：“你治好了人家的病，人家给你送匾来了。”华佗哪肯接受，说：“是您说出的药，病是您治好的，这块牌匾应该是给您的。”广济和尚说：“这是你看的病，无功不受禄，你就不要推三阻四了，快把匾拿回家去吧。”华佗推辞不过，只得抱着匾回到家中。华佗实在不知如何安置这块匾，最后只得把匾反靠在墙上。谁知刚把匾反过来，匾后塞着的一个红布包就掉了出来。华佗打开一看，正是广济和尚的那本扁鹊注解的《黄帝内经》。华佗喜上眉梢，拿起书就跑去普陀寺找广济和尚。谁料此时的广济和尚早就云游四海去了。

华佗从此立志“广济众生”，开始了行医的生涯，但是华佗对于医术的学习还在继续。

在徐州的公宜山上住着一位老医生，相传他的医术是春秋战国时期的神医扁鹊嫡传的，医术十分高明。老医生九十多岁了，想找一位弟子继承他高明的医术，让弟子继续为乡民服务。老医生说：“我的医术要传给可以给穷苦百姓治病的好后生，不可传给那些以医术谋钱财的子弟。”对于选择弟子，老医生有他自己的办法。

在民间的医生都接到了一张请帖，正是公宜山老医生下的，华佗也受到了邀请。到了约定的那一天，老医生的家里会聚了来自四面八方的青年医生，老医生热情款待了一天才让他们回家。从老医生家下山有一条必经之路，就在这个路口躺着一个浑身散发着腐臭味的病人，这人身上的皮肤没有一处是完整的，蛆虫混着脓血从身上往下滴落。众人看到这一幕，无

位于亳州乡下的华祖庵

不掩住口鼻绕道而行，别说给病人医治，有的青年医生甚至让他滚远点不要挡住了去路。

只有华佗走到了病人面前，查看了他的病情。谁知那人不由分说地对着华佗一顿骂：“看什么看，你们这些庸医，只会给达官贵人看病，哪里会看我们这些穷苦老百姓一眼？”

华佗也不恼火，对着病人说道：“大哥你误会了，我是想帮你看病，你的身上全都溃烂了，要好些日子慢慢调理。你回到家中去，我每日登门给你调理。”

“你说得轻巧，我家离这里有几十里路，你背我回去。”那病人说道。

华佗看着满身脓血和蛆虫的病人，显得有些犹豫，但他转念一想：治病救人怎么能嫌弃病人脏呢！于是他咬咬牙背着病人往他的家中走去。不料就在快要到病人家中时，病人却突然变卦，要回到公宜山找老医生看病。华佗此时已满腔怒火，正想要发作出来，但转念一想：对病人没有足够的耐心怎么能行？虽然病人有些胡搅蛮缠，但他有病在身，想找名医的心情也可以理解。作为医生，对病人要更加体贴。于是华佗安慰了病人几句，又转头往老医生家走去。

华佗来回背着病人走了几十里路，病人身上的脓血混着华佗的汗水一滴一滴地往下掉。当华佗走到老医生的家门口时，老医生亲自出门迎接他，并让他去沐浴更衣。当华佗沐浴完回到堂屋后，老医生不住地夸赞华佗：“好后生！好后生！”老医生递给华佗一封纸柬，上面写道：“术亦不惜，恐异日与子为累，若无高下，无贫富，无贵贱，不务财贿。不惮劳苦，矜老恤贫为急，然后可脱子祸。”

华佗看完拜倒在地，说道：“贤圣之语，一一不敢忘，俱能从之。”

老医生扶起华佗，收了华佗为弟子，将毕生所学的医术一一传给华佗。

原来那个病人正是老医生为众人设下的考验，众人皆掩面绕道而走，只有华佗上前询问。老医生这是在试探年轻医生们，只有华佗不怕脏、不怕累，他有着一颗仁慈的心。

华佗能够被称为一代神医并不仅仅因为他医术高明，更重要的是他医德高尚，他四处行医，为穷苦百姓看病，正因如此他才会被百姓所铭记、所爱戴。

【运用麻沸散，开外科手术先河】

华佗是一位擅长内、外、儿、妇、针灸诸科的医学大家，但一般认为他最伟大的贡献在于发明了麻沸散，并且多次成功地将病患全身麻醉并进行剖腹外科手术，这也是华佗被称为外科鼻祖的原因所在。

一般中医治病最常用的方法有针灸、按摩、汤药、熏烫等，但有些疾病喝汤药不能消除，针灸又无法触及，医生遇到这种疾病只能是束手无策，眼看着病人死去。华佗作为一代神医，除了会普通医生的医治方法外，还擅长给病人做外科手术。说到外科手术就离不开一样东西——麻醉药！没有麻醉药不仅病人在手术过程中会极其痛苦，医生的手术还会受病人的影响而难以进行下去。

史书上并没有详细记载华佗发明麻沸散的经过，但是有一点，麻沸散的发明肯定和当时战争频发的背景有很大的关系。华佗常年在安徽、河南、江苏一带行医，而这片区域正是刘、孙、曹三家相争的战略要地，战事频发导致有大量的外伤病人需要救治，这就对外科手术有了迫切的需求，客观上也推动了外科手术的发展。华佗也正是在这种情况下决心配制一种让人无痛又安全的麻药。

关于麻醉药的出现，在华佗以前也有过记载。《列子·汤问篇》中就曾记载，春秋战国时期的名医扁鹊对鲁国的公扈和赵国的齐婴实施换心手术：“扁鹊遂饮二人毒酒，迷死三日，剖胸探心，易而置之；投以神药，既悟如初。二人辞归。”这里的毒酒即麻醉剂。

东汉末年，医药学的发展也为麻沸散的发明创造了条件。当时的医书《神农本草经》中就记载了乌头、莨菪子、麻蕡、羊踯躅等药物有麻醉的作用。众所周知的醉酒可使人昏睡的事实也给了华佗启发，最终他发明了麻沸散，用热酒送服麻沸散可达到使人全身麻醉的目的。

《后汉书》中就曾记载过华佗使用麻沸散所进行的外科手术：“若疾发，结于内，针药所不能及者，令以酒冲服麻沸散，即昏醉无所觉，乃刳破腹背，抽割积聚。若在胃肠，则断截湔洗，清除疫秽，既而缝合，涂以药膏，四五日创愈，一月之间皆平复。”

有一日，华佗看到沛县陈珪部下的一个士兵在酒馆喝酒，华佗看了他许久后说：“你的脾脏已经腐烂肿大了，必须剖开肚子割掉脾，否则你怕是命不久矣。”

士兵听到这话大吃一惊，问：“先生如何知道我的脾肿大了？”

见士兵不信，华佗接着说道：“你的胡子、眉毛已经要脱落了。”士兵将信将疑地扯了一下胡须，果然就脱落了一撮。士兵脸色一变，赶忙拜倒在地，求华佗救他一命。

华佗找了一处干净的屋子，用温酒冲泡了麻沸散给士兵喝下。当士兵沉睡之际，华佗用利刀剖开士兵的腹部，找到已经病变的脾并将其割掉，再用针线将士兵的肚皮缝好，敷上神膏。士兵不出一月就痊愈了。

自此以后，士兵到处宣扬华佗可以剖腹截肠、割脾，服下华佗的麻沸散，被刀隔开肚皮时全然不知疼痛，一觉醒来病灶就被切除了。至此，华佗可以起死回生的神医称号传得更响了。

可惜的是华佗被曹操所杀，他毕生研究的医术、药方等成果大都失传，其中麻沸散的药方也未能流传下来，以至于到现在麻沸散的配方也是个谜。后世也有一些所谓的麻沸散药方，但大多不可信。麻沸散的失传不仅仅是中医界的损失，还是全人类医学发展道路上的重大损失！

【神医的陨落】

华佗作为一名民间医生，一生中绝大部分时间在民间游历。《三国志》和《后汉书》记载，华佗是一位技术全面且多有独到之处的医生，沛国宰相陈珪和太尉黄琬都曾推举华佗为“孝廉”“太尉”，可都被华佗拒绝了。华佗自从踏上从医之路，就立志做到“广济众生”，为穷苦的老百姓治病，他明明有机会享受食禄，却依旧当一名民间医生。

《后汉书》的作者范晔写华佗“为人性恶难得意”，认为他个性孤傲，可能身为统治阶级的范晔无法理解华佗这样淡泊名利的行为吧。一个“性恶”的人如何做到无论病人地位尊卑，一律认真地诊断施术？如何做到无论在酒馆茶肆还是田间地头，有病就治？其实华佗并不是个性孤傲，他只是不愿意有权势者独占他的医术罢了。他坚持给百姓看病，可谁也没想到华佗最终死在了他的坚持上。

当时曹操患有头痛的毛病，一旦发作起来痛不欲生，其听闻华佗的名声便召他来给自己看病。华佗看过曹操的病症后加以针灸，随即治愈。曹操怕自己的头痛复发，就想留住华佗做自己一人的医生。华佗当然不肯答应，他推脱说家里有些药方要取来，结果一去不回。曹操又多次召见他，命令当地的郡县遣送他回来，华佗称妻子有病，不肯听从召见。曹操勃然大怒，派人前去查看真假，当得知华佗妻子是诈病之时，更是气得把华佗逮捕入狱。一时间曹操手下许多官员谋士为华佗求情，谋士荀彧请求曹操说道：“华佗医术高明，常常为百姓治病，为人所称道，不该逮捕他，应当加以赦免。”曹操不答应，不久华佗就被曹操所杀。

华佗在狱中整理了平生所学，著《青囊书》。华佗把《青囊书》交给了照顾他的狱卒，可没想到狱卒的妻子害怕这件事招来祸端，竟然把书焚毁。这不仅是华佗个人的损失，更是整个中医界的损失。

华佗一生著作颇多，在各种历史文献中记载的就有《华佗内事》《华佗老子五禽六气诀》《华氏中藏经》《济急仙方》《青囊书》等。

华佗是最早把体育和医疗联系在一起的人，其发明的五禽戏至今仍有人学习，确有养身固体的功效。华佗的医学重视理论与临床的结合，具有独特的学术思想和完整的理论体系，深受历代医家的重视，对于后世医学的影响特别深远。

位于亳州市区的华佗塑像

1800 多年后的今天人们也没有忘记他，在亳州市谯城区华佗镇小华庄——华佗故乡，为纪念华佗，乡人们在小华庄北约 400 米处修建了华佗庙。相传农历九月九日是华佗的诞辰，每到此日人们便会到华佗庙祭祀华佗。

如今，华佗纪念馆还在安徽省亳州市东北隅永安街 12 号华祖庵内，这是一座始建于唐宋年间的建筑，占地面积约 8600 平方米，由庙祠、故居、古药园 3 个院落组成。这里陈列着大量文物展品和医史文献。此处也是后人纪念华佗举办活动的场所。2019 年农历九月九日，华祖庵景区内举行了隆重的华佗祭奠活动。活动持续了整个农历九月，来自各地的民众均来祭奠华佗。

如今华佗的雕像还在各大医学院、博物馆中供人瞻仰，人们以此来纪念这位旷世神医。

读后一探

其实华佗并不是外科手术的发明者，他之所以被称为神医，离不开他设身处地为病人着想。一开始华佗给病人动刀做手术时也没有麻沸散，但当他看到病人手术时承受着巨大的痛苦时，能感同身受。为了让病人不再承受这种痛苦，华佗心里萌生了研制麻沸散的念头。他参考了能见到的古籍药书，甚至用自己的身体做实验，最终取得了成功。

生活中，我们常常能见到遭遇不幸的人，痛苦常常就发生在我们身边。如何帮助他们克服不幸、解除痛苦？华佗发明麻沸散的故事，应该能给我们些许启示。

参考文献

[1] 范晔．后汉书［M］．陈芳，译注．北京：中华书局，2009.

[2] 陈寿．三国志［M］．文强，译注．北京：中华书局，2007.

[3] 列子．列子［M］．景中，译注．北京：中华书局，2007.

[4] 华佗．华氏中藏经［M］．孙星衍，校．北京：商务印书馆，1956.

[5] 罗贯中．三国演义［M］．朱正，标点．长沙：岳麓书社，1986.

[6] 缪文渭，黎帮农．华佗故事［M］．合肥：安徽人民出版社，1983.

[7] 牛正波，等．华佗研究［M］．合肥：黄山书社，1994.

[8] 钱超尘，温长路．华佗研究集成［M］．北京：中医古籍出版社，2007.

法医学始祖：宋慈

李　衡

宋慈（黄佩馨　瞿福如/绘）

清同治十二年（1873），英国剑桥大学的嘉尔斯教授漂洋过海来到中国参观考察。一次在宁波，他看到官府在审理案件，审案官员摆在文案上的一本书引起了他的注意，这本书他经常在清朝的衙门见到。审案官员告诉他，审理刑事案件可少不了这本书，不仅各级官员，甚至幕僚、师爷乃至仵作们都是人手一本。

这本书就是《洗冤集录》，书中记录的法医学知识和方法让嘉尔斯教授大为赞叹，他想把这本了不起的法医学著作介绍到西方，于是在朋友的帮助下，他将此书翻译成英文，分期刊登在英国的《中国评论》上。此后，又有多位学者纷纷翻译此书，《洗冤集录》开始在欧洲流传开来。《洗冤集录》将法医学检验手段和经验上升到理论的高度，对我国乃至世界法医学的发展都作出了巨大的贡献。这本书的作者，就是法医学的鼻祖——宋慈。

【为民请命　洗冤昭雪】

宋慈，字惠父，福建建阳人。他的父亲宋巩曾官至广州节度推官，是著名的法医学家，这对宋慈也产生了重要影响。宋慈自幼勤奋苦读，好学不倦。宋宁宗嘉定十年（1217），宋慈考中进士，因父亲病重便留在家乡照顾服侍，2 年后父亲病故，他又在家乡守丧 3 年没有做官。直到宋理宗宝庆二年（1226），40 岁的宋慈才正式踏入仕途，曾先后出任广东、江西、湖南提刑官。提刑官是宋朝特有的官职，主要是掌管刑狱，对本辖区官员进行监察。宋慈在任期间廉政爱民、执法严明，所以深受百姓爱戴。在初任广州提刑官时，宋慈就发现这里有大量陈年积案和冤案。宋慈主张“重证据，轻口供”“罪疑从无”，在短短 8 个月的时间里就解决了 200 多件死刑案件，昭雪了一大批冤假错案，百姓都称颂他为“青天大老爷”。福建民间有个广为流传的俗语：“黑狗偷食，白狗受罪”，意思就是真正的罪犯嫁祸他人逍遥法外，而清白的人却蒙受冤屈代人受过。因此，宋慈断案从不“慢易心”，只为避免“狱情之失”。他说：“我曾 4 次被委派掌管司法刑狱，别无所长，唯独对于狱案，审了又审，不敢有一丝一毫的马虎。如果清楚知道狱案有欺诈情节，就立即予以驳下；如在疑信之间难于决断，就一定反复深思，唯恐草率行事，让死者死不瞑目。”

1240 年，宋慈升任江南路提点刑狱公事，一上任就有一个老人家抱着自己女儿的尸体来报案，他哭着说自己女儿和别人吵架，别人一气之下打死了女儿，请宋慈为他主持公道。宋慈走近尸体观察了一下，的确发现了一些青紫色的瘀痕，像是被人殴打致死的，但是单凭这些伤痕宋慈并没有轻易下结论，为了弄清事实真相，他决定当场验尸。按照南宋律法，女性尸体生殖器的检验要由接生婆来完成，经过接生婆的检验，死者没有怀孕且没有受到侵犯的迹象，那这些瘀痕就成了唯一的线索，可是随着时间的推移，尸体温度下降，皮肤的颜色变深，检验难度也大大增加了。这该如何是好呢？只见宋慈先将尸体洒湿，然后在瘀痕处铺上一层捣碎了的葱白，接着再盖上一张被醋泡湿了的纸。这是什么原理呢？原来，葱白和醋都有很强的挥发性，这两者放在一起就很像我们现在用的无水酒精，可促进人体皮肤的迅速皮革样化（皮革样化就是尸体皮肤因水分迅速蒸发导致的干燥变硬、颜色加深的变化）。受伤的部位因为表皮遭到破坏，所以这一处皮肤的脱水速度会相对更快，它与周围正常皮肤的组织就会有非常明显的边界。如果是生前受伤，由于人体新陈代谢的作用，受伤处会有血管破裂；如果是死亡后的伤痕，则无法形成生前受伤那种特有的损伤改变。经过葱白和醋的处理后，宋慈发现女尸身上的瘀痕并没有出现明显的改变，在查遍全身其他伤痕后，宋慈发现所有的伤痕都不在致命部位，而且伤得很轻，也不足以致命。此外死者的受伤部位皮肤很光滑，凡受过暴力击打的部位，由于淤血的原因，受伤的皮肤应该比别的地方皮肤摸起来更肿一点、硬一点。所有的这些疑点，都和死者父亲的陈述相矛盾，宋慈也不免对死者的真实死因产生了怀疑。见此情形，老人只好道出实情，原来他的女儿因偷拿隔壁村妇家种在田里的瓜，被村妇发现辱骂后一时想不开，便服毒自尽了，他为了让仇家偿命，便用榉树叶在女儿皮肤上做出青紫色瘀痕，想以此诬陷仇家。

正是宋慈严谨仔细的判案态度、丰富有效的检验手段，才使得案情最终真相大白，为无辜之人洗刷了冤屈。

【抽丝剥茧　断案如神】

当时的官员们办案经验太少，也没有一本好的办案指导用书。为了给同僚们判案时做个参考，同时减少冤假错案的产生，宋慈将自己从事提点刑狱以来的判案和验尸经验加以总结和沉淀，写成了《洗冤集录》。它不仅汇总了前人的法医成果，更凝结了宋慈一生的检验心得，为后世留下了一部尸伤检验的旷世杰作。

宋慈塑像

《洗冤集录》全书共5卷53目，有7万多字。前有宋慈自序，卷一包括《条令》《检覆总说》《疑难杂说》等目，卷二至卷五分列各种尸伤的检验区别等项。书中介绍的主要内容有：宋代关于验尸的方法与注意事项、尸体现象、各种机械性窒息死、各种钝器损伤、锐器损伤、古代的交通事故、高温致死、中毒、病死与猝死、尸体发掘等。书中涉及法医病理学的绝大部分内容，系统阐述了法医学的外表尸体检验方法和各种死亡情况下外表检查所见，总结了很多巧妙又科学的检验方法和手段，帮助判案人员揭示案情真相。

清嘉庆年间，浙江有位富商租了几条船从平湖贩茧到上海去，船行途中，茧船上的船夫与一条运米船上的船夫起了冲突。同是年轻力壮的劳动力，他们谁也不让谁，一来二去就拳脚相加，扭打在了一起。突然之间，听到船主一声哀号，倒在了血泊之中，原来不知是谁捅了他一刀，不巧的是正好捅在了要害之处，倒霉的船主就这样一命呜呼了。闹出了人命官司，大家都害怕了，支支吾吾相互推诿，都不承认是自己杀的人。富商只好将参与打架的船夫全部绑住送去给县令大老爷处理。县令大老爷自己勘验了现场，查问了案情后，又细细地研究了死者的尸检报告，当下就有了主意。过了几天，县令叫人大摆酒席，把牢中的犯人都请来吃饭，犯人们都开怀畅饮。酒足饭饱后，狱卒把大家都带回去了，县令独独留下了一个船夫，当即变脸呵斥他：“杀人凶手，还不认罪!”船夫不停磕头喊冤，县令道：“死者伤在右肋，创口做右偏势，这明显是左撇子干的。刚刚你们这些船夫中，只有你吃饭用左手，大胆狂徒还敢抵赖!”船夫见无可辩驳，只得认罪。县令的判案依据就是《洗冤集录》中记载的检验方法：若是尸首左边损，即是凶身行右物致打顺故也。

《洗冤集录》中不仅有这种经验的总结，也有形象描述、深入浅出的学理解释。

如书中记录了宋慈曾经遇到的一个案件：张三李四二人同行，张三看中了李四的随身物品企图据为己有。于是，当他们走到河边时，张三就一把抓住李四将他按到河中淹死。死者的身上没有伤痕，这样的案件该怎么检验呢？宋慈发现，死者尸身瘦弱，大小指指甲各呈黯色，指甲及鼻孔内都有沙泥，胸前呈赤色，嘴唇有青斑，肚腹鼓胀，肚皮拍着响，这就是他被凶手按到水里活活溺死的证据。再结合张三作案时的情节以及赃证，案情就告破了。整个检验过程中，重点就在于“腹肚胀”，因为生前溺水，被溺者要呼吸、喊叫，就会吸入很多水和空气，所以肚皮会鼓起来，而病死或者被人殴打致死后再推入水里者则是“肚内没有水，不鼓胀”，这样的表达非常形象、易懂，实用性和可读性都很强。因此《洗冤集录》迅速流传开来，成为各级官员几乎人手一本的“畅销书”。

【福泽后世 影响深远】

宋慈所著《洗冤集录》不仅能帮助古代官员破案、让蒙冤者沉冤得雪，对近现代法医学也产生了深远影响。

有一次，宋慈巡察到龚州境内，在荒郊野外的路旁发现了一具尸体，全身被镰刀砍伤十余处。一开始，宋慈属下认为此人是强盗所杀。可宋慈在检验后发现死者的财物俱在，便对此案产生了怀疑。他对属下说："强盗要杀人只为取财，现在财物在而伤痕多，不是仇杀是什么？"说完，他吩咐属下去打探附近有没有村庄。不久，属下来报，离此处不远有一村庄。宋慈令属下将尸体抬进村去，召集全体村民前来辨认尸体。结果，有一妇人认出了死者是自己的丈夫沈仁。于是，宋慈让村民们都散去，只留下死者的妻子来问话。

宋慈问："你丈夫平日跟什么人有冤仇最深？"妇人答："我丈夫向来与人没有冤仇，只是几天前本村姚升来借钱，没有借给他，但也说不上因此就有仇。"宋慈马上吩咐属下再次召集村民，并称："各家将镰刀全部拿出来，立即呈交验看，如有隐藏，必是杀人贼，将予追究查办！"不一会儿，村民们就纷纷送来了镰刀七八十把。宋慈不动神色，吩咐属下将镰刀按次陈列在地上。当时正值盛暑，没过多久，就有许多苍蝇飞聚在其中一把镰刀上。宋慈指着这把镰刀问道："这是谁的镰刀？"

这时，有一人镇定自若地站了出来，说："大人，这是小人的镰刀。"经妇人指认，此人正是那借钱不成的姚升。宋慈当即让属下将姚升拿下，进行审问。他大声斥道："大胆狂徒，还不将杀人事实供出！"姚升拒不认罪，大叫："凭什么抓我？小民冤枉！"宋慈指着那把镰刀，喝道："你休得抵赖！苍蝇嗜血，大家的镰刀上都无苍蝇，只有你这把杀人的镰刀上有血腥气，导致苍蝇聚集。你怎么隐瞒得了呢？"在铁证面前，姚升不得不低头认罪，供认了犯罪事实。原来，姚升因向死者借债不成而怀恨在心，趁死者在路边呕吐时，将他杀害泄愤。

宋慈明白苍蝇嗜血逐臭的特点，他应用血腥味吸引苍蝇的原理，开创了法医昆虫学的先声。现代法医昆虫学就是人们在其以后不断研究、实践、总结才发展起来的，我们尊宋慈为法医学的鼻祖真是当之无愧！

宋慈纪念邮票

再举一例，《洗冤集录》中记录了对尸首异处的碎尸案的检查，书中说：“凡验尸首异处，勒家属先辨认尸首，务要仔细打量尸首顿处四至。讫，次量首级离尸远近，或左、或右，或去肩脚若干尺寸。肢解手臂、脚腿，各量别计，仍各写相去尸远近。却随其所解肢体与尸相凑，提捧首与项相凑，围量分寸，一般系刃物斫落。若项下皮肉卷凸，两肩井耸皱，系生前斫落；皮肉不卷凸，两肩并不耸皱，系死后斫落。”意思是说，在实际检验中对于这样的案子，第一，要家属自己辨认尸体；第二，在检验碎尸案时，要在现场将尸体的位置、方位测量清楚；第三，要测量碎尸的头颅与尸体躯干距离有多远，分离的头颅是在躯干的左侧还是右侧，离肩脚距离多少；第四，如果是肢解手臂或腿脚的，也要测量各自距离，并要分别测量出各自离躯干的远近距离；第五，被肢解的四肢要与躯干相拼凑，再把分离的头颅与颈项相拼凑；第六，对于刀斧类砍落头颅的案件，假如项部“皮肉卷凸”就可以断定是生前砍下的，假如“皮肉不卷凸”则是死后砍下的。

如果我们把宋慈总结的碎尸案的检验方法和现代碎尸案检验方法进行比较，就会发现，二者的检验手段和检验目的几乎没有什么不同，只是现代法医学的科技含量更高而已。宋慈奠定的法医学检验基础，至今仍然具有指导意义，他的法医学思维在今天仍然熠熠闪光。

1249 年，宋慈病逝。宋理宗称赞他“中外分忧之臣”，当世大儒刘克庄为他撰写了墓志铭，称他“听讼清明，决事刚果，抚善良甚恩，临豪猾甚威”。宋慈的生命虽然结束了，但是他的精神和思想依然具有蓬勃不朽的生命力。

2016年是宋慈诞辰830周年，福建省政协召开了全国性纪念宋慈的研讨会，对宋慈精神、宋慈文化做了大量的宣传、推广。宋慈对法医学的贡献，他身上体现出来的责任与担当、不敢“慢易心”的专注与专业的工匠精神，都是值得我们弘扬的时代精神。

读后一探

宋慈是个非常负责敬业的人，正因为如此，他才能够把法医检验这项工作做得透彻、成功。他坚守自己的岗位，踏实认真地完成工作，正如他自己所说：“须是躬亲诣尸首地头”，“须是多方体访，切不可凭信一二人口说”，“审之又审”。虽然《洗冤集录》广为流传，宋慈被人们尊为世界法医鼻祖，可是在当时，他只是一个默默无闻、踏实办事的普通官员而已。正是因为他在平凡岗位上的默默坚守、敬业踏实，才有了这样伟大的成就。这不正是我们这个时代所推崇的工匠精神吗？如果人人都能像宋慈这样发挥匠人精神，踏实专注、爱岗敬业，那么人人都能够实现自己的人生价值。

作为一名提刑官，宋慈一生只专注法医检验这一件事。强烈的责任感和使命感，使得他在晚年完成了《洗冤集录》，为的是纠正错误、减少冤案。穷则独善其身，达则兼济天下，正是他对百姓、对社会的担当精神，才促成了《洗冤集录》这一法医学理论巨著问世。我们当代青年，也应该勤于学习，积极进取，关心国家和人民，做一个像宋慈一样有社会责任感的人。

参考文献

[1] 宋慈．洗冤集录译注［M］．高随捷，祝林森，译注．上海：上海古籍出版社，2018.

[2] 黄瑞亭，陈新山．宋慈说案［M］．北京：科学出版社，2018.

[3] 钱斌．宋慈洗冤［M］．北京：商务印书馆，2015.

[4] 王宏甲．宋慈大传［M］．北京：中译出版社，2016.

毛笔始祖：蒙恬

程启贵

蒙恬（黄佩馨　瞿福如/绘）

说到书写工具，中西方展现着两幅截然不同的风景。5000 年前，埃及人开始用芦苇秆做笔。大约到 7 世纪，芦苇秆笔被来自罗马的羽毛笔代替，直到 18 世纪。在这漫长的千余年历史长河中，西方读书人一直使用外形美观的羽毛笔，显得风度翩翩。万里之遥的中国，人们则一直使用另一类动物毛制作的书写工具——毛笔。如今，羽毛笔早已被西方人尘封于记忆长河，可在中国已经使用了几千年的毛笔，依旧在书画领域独领风骚。毛笔，不仅展示着妙味无穷的汉字书法艺术，而且被用来创造气韵生动的中国画。换言之，离开毛笔，也就没有了中国的传统书画艺术。可以说，毛笔是中国人奉献给世界文化宝库的一颗璀璨明珠。

毛笔在中国是何时出现的？说起这个话题，我们就不由得说到秦朝大将军蒙恬。至今，蒙恬仍被全国各地毛笔制作人奉为行业始祖。这位毛笔始祖的人生故事，说来确实荡气回肠。

【中华第一勇士】

距离山东临沂市蒙阴县西南不远的联城镇，有个和恬村，这里是蒙氏的祖居之地。到秦朝时，蒙氏取得了巅峰荣耀。蒙恬的祖父蒙骜，早年投靠秦始皇的曾祖父——昭襄王。昭襄王南征北战，秦国疆域得到空前扩张。蒙骜在昭襄王手下，带领秦兵先后攻打韩国、赵国、魏国，凭着战绩官至上卿（类似于后世的丞相）。他的儿子蒙武受父亲言传身教的影响，也成长为一名骁勇善战的大将，屡屡为秦军立功，最出名的、也是最重要的，就是与秦国的另一名大将——王翦联手，共同攻打秦国最强劲的对手——楚国。

蒙武在攻打楚国的一系列战争中，身边一直带着他的爱子——蒙恬。蒙恬受到父亲及爷爷的良好熏陶，战时随军出征，平时攻读兵书，胸怀大志。无论是逐鹿中原，还是南下伐楚，蒙恬都表现出良好的军事素养和优秀的行伍品质。公元前221年，蒙恬被荣封将军，并被派遣攻打齐国。

蒙氏本身就是齐国人，自从蒙骜投奔秦国，历经两代，蒙氏在秦国已经取得了崇高荣誉和地位，可此时秦王嬴政交给蒙恬这样一项任务，似乎带有考验其忠义人品的特殊用意。蒙恬自幼跟随父亲出入疆场、身经百战，报效朝廷的忠君思想早已根深蒂固，他接受这一任务后，以秦国利益为重，毅然指挥秦军作战，攻破齐国，为秦国进一步统一天下立下汗马功劳。

然而，六国之灭，天下并不安定。北方的匈奴人成为秦朝江山的最大威胁，也是令秦始皇最烦恼的心腹之患。秦始皇毕竟雄才大略，深知守边护国的大将必须具备两种重要的品质：一是军事才能，二是忠君爱国，而同时具备这两种品质的，最可靠的人选就是蒙恬！蒙氏祖孙三代为大秦江山舍生忘死，赤胆忠心。这样，秦始皇就命令蒙恬亲率30万大军，北却匈奴。

蒙恬不负所望，很快收复河套以南大片土地，设30余县，据为上郡。蒙恬在镇守北疆时，迎来了一名特殊的“监督军务人”——扶苏。扶苏（？—前210）是秦始皇的长子，有政治远见。如今，我们都知道秦始皇专政时曾发生过“焚书坑儒”事件，扶苏因为反对这一举措而触怒父亲，被派往上郡，成为蒙恬的“监军”，协助蒙恬保卫边防和修筑万里长城。

蒙恬的弟弟蒙毅也受到秦始皇的器重，被任命为上卿，成为其身边的重要辅臣，而且，秦始皇每次出行都与蒙毅乘坐同一辆马车；入宫，就让蒙毅陪侍左右。蒙毅与蒙恬，一文一武，成了秦始皇的心腹之臣。

蒙毅对秦始皇忠心耿耿。有一次，中车府令赵高犯了法，秦始皇将这一案件交给蒙毅处理。蒙毅不敢徇私枉法，依法判令赵高死刑。案件经秦始皇审核时，秦始皇认为判决没有问题，但对于赵高这样的“有功之人”，可以放一马，居然将判决撤销，赦免了赵高。从此，蒙、赵两家结下生死仇怨。

赵高报仇的机会，终于出现在公元前210年。秦始皇率众出巡，行至沙丘（今河北省广宗县）时，病得很重，就命令随行的蒙毅去祭祀山川，祈祷病愈，可蒙毅还没有回来，秦始皇就病逝了。临死之前，秦始皇命令身边的丞相李斯、中车府令赵高拟好遗诏，传令公子扶苏迅速从上郡回京都继位。

拿着还没有盖上皇帝玉玺大印的“遗诏”，赵高的政治野心与报仇之心立即齐涌心头。他首先说服丞相李斯：“你的功劳比蒙恬大吗?”李斯坦言不如。赵高说：“扶苏继位之后，丞相是你，还是蒙恬?”李斯闻言顿悟。于是二人立即叫来秦始皇的小儿子胡亥，密谋篡位之事，这就是历史上有名的“沙丘之谋”。

三人合谋先杀了蒙毅，后隐瞒秦始皇死讯，篡改遗诏，捏造公子扶苏和大将蒙恬的种种罪状，将他们赐死；同时，秘密带领秦始皇出巡人马火速回京。

时已入夏，秦始皇的遗体已腐烂发臭。赵高买来很多鲜肉，以混淆气味。赶到咸阳后，他宣布秦始皇死讯及“遗诏”：胡亥登基。

秦始皇的“遗诏”上指责扶苏及蒙恬“戍边日久无功”，结论是“赐死”，闻讯后，扶苏悲壮自刎，蒙恬服毒自杀!

消息传出，三千近卫士兵“以手为铲，以衣为筐”，每人取土一抔，就地安葬英雄孤魂。如今，在上郡（绥德），人们依然能看到一座高约30米的坟丘，一块清朝人树立的墓碑上写有“秦将军蒙恬墓”。这座坟丘的对面，就是扶苏墓。一对携手奋战的好兄弟，死后也成了“好邻居”。

蒙恬墓、扶苏墓

【改制毛笔的传说】

司马迁的《史记》中有《蒙恬传》，可关于蒙恬制笔，其中只字未提，但历史上关于蒙恬制笔的记载并不少。

晋代张华著的《博物志》、崔豹著的《古今注》都记载了蒙恬造笔的事。一个说蒙恬以狐狸毛为锋毫、以兔毛为“副毛”——覆盖在锋毛四周；另一个说蒙恬以枯木为管、鹿毛为锋毫、羊毛为副毛。唐朝的韩愈则将毛笔当作人——毛颖，为之作传，题目为“毛颖传”，称“毛颖”是蒙恬从南方中山带回来的。一个传说流传于世2000多年，当然不是空穴来风。

当年蒙恬跟随父亲南征楚国时，曾来到中山——现在的安徽宣城泾县山区。这里是楚越交界的地方，群山连绵，林木葱郁，修篁蔽日。为了震慑楚越山民，秦军一边真刀实箭大肆伐剿，一边举行一系列大规模围猎活动，而军中这一切，每天都要写成“战报”，通过驿道速递给秦始皇。

书写“战报”的毛笔，形制一直比较简单：一根竹竿，一端被破成四片，裂口中夹着动物毛。为了牢固起见，再用丝线将这些围夹在笔头的动物毛绑扎起来。写几个字，就得蘸一次墨。“战报”的内容一多，这种书写方式便显得比较麻烦。

这一天，围猎结束后，三军收兵。将士们带着各自猎获的“战利品”回营。一个士兵提着一只黄鼠狼，长长的尾巴拖在地上，留下一道清晰的血痕，这让蒙恬眼前一亮：这条尾巴，不就像一支毛笔吗？

蒙恬吩咐士兵撸下黄鼠狼尾巴上的毫毛，清洗之后，绑扎在笔头上，用来写字。孰料狼毫中含有油脂，不吸墨，无法写字。蒙恬索然无趣，将这支新创制的毛笔当作废物，顺手扔进军帐外的石坑里。

平楚战争依旧如火如荼，“战报”依旧要向咸阳传递。几天之后，蒙恬写完“战报”，走出军帐，发现门口石坑里那支本来黄褐色的“狼毫笔”变成了灰白色，飘在水里。这让蒙恬感到有些意外，就伸手将这灰白色的“狼毫笔”捞上来，发现其已不像几天前那样硬戳戳的，再蘸墨试写，果然不油不涩，吸墨很好。原先的笔蘸墨一次，只能写五六个字，而这种狼毫笔头蘸墨一次，却能书写十几个字！

狼毫上原来附着的油脂哪去了呢？蒙恬仔细观察门前的石坑，发现其与别的坑没有什么两样，唯一的不同，就是这个坑里的水虽然清澈见底，但不能饮用，是个石灰水坑。难道是石灰水的作用？果然，最原始的试验表明，石灰坑里的水确实可以“洗去”狼毫上的油脂，这可谓是蒙恬的一大发现！

随着科学技术的进步，人们发现石灰水确实可以脱去动物毛中的油脂。由于呈碱性，石灰水不仅可以脱脂，还可以去腥、去污。没有脱脂的狼毫，墨汁无法被吸附到锋毫上，下墨也不会均匀；更为麻烦的是捆扎笔头时，由于油脂的存在而无法捆扎牢固，容易滑脱。

蒙恬对毛笔的改制，还有一项重大贡献，就是改变毛笔的形制。蒙恬之前，毛笔的笔头制作，是将笔头一端先破成四片，将动物毛夹在剖开的裂口中，然后再用丝线将笔头捆扎起来。这样制成的毛笔，蓄墨量是非常有限的，写不了几个字就要再蘸一次墨。如果笔头上的笔毛多一些、长一些，那么蓄墨量肯定大一些，但捆扎的笔毛多了，便显得很厚、很粗，影响书写；毫长了，又影响笔画的书写力度。

经过长时间的思考并反复琢磨、试验，蒙恬一改“夹毫作头”为“挖笔腔装毫”。他将笔杆一端的竹管挖空，成为现代制笔艺人说的笔腔；把整理成束的笔毛，先用丝线捆扎好，成为一个笔头；然后，在这个笔头的根部涂上一点具有黏性的胶液，并将这个笔头纳入笔腔。这样，一个笔头所含有的笔毛，比原来的明显增多，蘸墨后，蓄墨量也明显增多。蘸墨一次，能连续书写一二十个字。

另外，这样的笔头比夹在笔管顶端的笔头要饱满圆润，书写弹性也明显增强，字形更为美观。现在《辞源》上就是这么记载的：“恬始作笔，以枯木为管，鹿毛为柱，羊毛为被。”柱，笔心。被，包围在笔心四周的笔毫。

蒙恬创新制成的这种毛笔，形制一直保持到2000多年后的今天。尽管毛笔的制作工艺在不断变化、提高，但这种形制特点，一直没有改变。这应该是制笔行业至今尊奉蒙恬为“笔祖”的根本原因。

那么，如今的制笔工艺究竟有什么变化呢？要弄明白这个问题，我们有必要考察一下这位“笔祖”制笔前后的大致情形。

【从认识笔的“祖先”说起】

笔，作为书写工具，其最早字形是“聿”。“聿”，《说文解字》解释是：用来书写的工具。甲骨文中就出现了这个字，写作：。我国著名古文字学家罗振玉认为这是一个会意字，模拟一只手抓笔写字的情形。

从上面的分析可知，“筆”，是在以手抓笔的基础上，加上了一个表示制笔材料的“竹”，仍然是个会意字。当它被简化成“笔”时，就更加通俗明了：竹竿下面有一束毛，这与现在人使用的毛笔更贴近，因为它已明确表明原来“手抓的”下面是“毛”，而不是“坚硬的树枝或竹枝”。

以上是通过文献或文字在分析“笔”，我们从考古发现的实物来看，文献的这些记载也是完全正确的。

1954年6月的一天，湖南省长沙市南郑修建一所中学校舍时，在一座南北走向的红土山丘中发现一座古墓。文物部门在严密组织下，开始对古墓进行发掘。经鉴定，墓主为男性，50余岁，身高约1.58米。出土文物60件，有陶器、木佣、铜剑、竹弓等。出土的一只木箱里发现了木梳、天平、砝码、竹管等。竹管上附着泥土，洗净后，发现竹管两端是空的，管内有小木杆。考古人员用修钟表的小镊子将小木杆夹出，原来是一支完好的毛笔——这是目前世界上已发现的、年龄最长的一支毛笔！带泥的竹管，原来是个“笔套”。

出土的毛笔长18.5厘米，直径0.4厘米，毫长2.5厘米，为兔箭毛。制笔方法是：笔毛围在细木杆的一端，然后以细丝缠扎，并涂漆胶，以助牢固。这支毛笔，现被中国国家博物馆收藏，成为中国历史上战国时期就已经有毛笔的铁证。而蒙恬是秦朝人，于是有人对“蒙恬造笔”的历史提出质疑。其实不然，这种将笔毛围在笔杆一端，然后用丝线绑扎牢固的制笔方法，与在笔管一端挖有笔腔、将笔头纳入笔腔的制笔方法，是完全不一样的。唐朝人徐坚曾说过：“秦之前已有笔矣，恬更为之损益耳。”这已明确说明蒙恬是毛笔制作的改良者，而不是说蒙恬之前没有毛笔。正如清朝人赵翼所说：“笔不始于蒙恬明矣。或恬所造，精于前人，遂独擅其名耳。”

还有一件事与毛笔起源有关。1986 年 11 月—1987 年 1 月，考古人员在湖北省荆门市十里铺镇王场村境内对包山楚墓进行发掘。墓主人身份为“大夫”，约下葬于公元前 316 年。这座古墓中出土了大量竹简，这批竹简是使用毛笔书写的，其中也出土了戴套的毛笔一支。笔杆非竹非木，而是芦苇秆，因此显得又细又长。笔毫有尖锋，毫根成束，由丝线扎紧，插在笔杆一端的孔眼中。笔杆末端是人为削尖的。

这一事实表明，战国时期的楚国，不仅有在笔杆一端“围毛”成笔头的毛笔制作方法，而且有在笔腔内装入笔头的制作方法，而包山楚墓出土的这支毛笔的制作方法，就是蒙恬制笔的方法。这种制笔方法，基本上一直延续到现在。

既然蒙恬的制笔方法在战国时期的楚国已经出现，那么，历史记载又为什么称“蒙恬是毛笔制作的改良者”呢？

我们知道，楚国位于中国的南方，其制笔方法表现为：木杆的毛笔，笔毛是围在笔杆一端的；芦苇秆毛笔，成束的笔头是被装进空心的芦苇管一端的。这与蒙恬将木杆或小竹竿一端挖成笔腔、装入笔头有很大区别，因此，文献记载以及制笔行业 2000 多年来一直尊奉蒙恬为制笔之鼻祖，是完全有道理的。

蒙恬当年随父征伐的江南一带，特别是如今的安徽宣城山区，历来盛行毛笔制作。这里盛产竹木，连绵的深山里生存着大量的野兔、黄鼠狼等野生动物，这为制作毛笔提供了取之不尽、用之不竭的原材料。宣州区溪口镇的张苏（已去世）、张文年父子，是当代最著名的国家级非遗宣笔制作技艺传承人。他们精良的宣笔制作技艺以及制作过程，多次在国内外展示。宣笔，是书画人梦寐以求的珍玩。

西方人早已将他们祖先发明的羽毛笔尘封作古；我们中国人至今依然

用毛笔写字绘画。不论键盘录入或语音录入如何发达，毛笔所创造的美好艺术永远不会退场，而蒙恬作为制笔始祖也永远不会淡出华夏子孙的记忆。

读后一探

“扛枪杆子”和“拿笔杆子”，一武一文，在中国，自古以来几乎就被认为是两种截然不同的人生选择，如果这两项都能拿得起，那便是“文武全才”了。2000多年前的秦朝处于冷兵器时代，没有枪杆子，有的只是刀光剑影。蒙恬在把刀剑之术耍得很高超的同时，又能把“笔杆子”的文章作得如此精彩，这确实很有趣。由史观之，蒙恬之前，并不是没有毛笔，只是为了加快书写速度，这位忙于攻城略地的将军，居然能在硝烟弥漫的战场，利用难得的片刻闲暇，成功地改制毛笔，并能保持2000多年不变的“形制专利”，人们不得不惊叹于这位将军的文韬武略。

从实际需要出发，做一个有心人，是完全能够突破传统观念中不可逾越的鸿沟的。在这一方面，蒙恬已经为我们做出了榜样。

参考文献

[1] 司马迁. 史记 [M]. 北京：中华书局，1982.

[2] 黄燧. 毛笔发明者其谁成古往今来之谜 [J]. 中国地名，2013 (12)：52-53.

[3] 胡志鹏，杨燕. 毛笔的演变 [J]. 书画世界，2004 (4)：43-44.

[4] 张庆. 毛笔是蒙恬发明的吗？ [J]. 新语文学习（小学中年级版），2012 (4)：4-5.

[5] 傅玉璋. 我国古代的毛笔 [J]. 历史教学问题，1981 (4)：64-66，70.

[6] 鲍延毅. 毛笔别名考源 [J]. 辞书研究，1988 (3)：139-141.

木匠始祖：鲁班

张　倩

鲁班（黄佩馨　瞿福如/绘）

每一个行业都有自己的最高荣誉，正如科学界的诺贝尔奖、医学护理界的南丁格尔奖等，中国建筑行业的最高荣誉为鲁班奖，该奖名称以木工建筑业祖师爷鲁班的名字命名。鲁班是中国能工巧匠的卓越代表，是勤劳与智慧的化身，其发明了许多便利的工具，大大提高了工匠们的劳动效率，为中华民族留下丰厚的文化遗产。

鲁班是我国古代一位优秀的土木建筑工匠，受到人们的尊敬和纪念。他出生于一个世代都是工匠的家庭，很早就接触了关于建筑和木匠方面的知识，勤奋好学、善于观察、热爱创造。他发明和创造木工工具的故事在百姓中流传广泛，且其每一个发明创造都是从生产实践中得到启发，然后经过刻苦钻研、反复试验而得来的。

【出生世家　耳濡目染】

公元前507年，灵山脚下的百姓正在求神祈雨，忽然看到天空中白鹤云集，四周充满浓郁的香味，上天普降甘霖。雨过天晴后，天空中出现了一道美丽的彩虹，一声清脆的婴儿啼哭声从老木匠公输贤家中传出。他的第三个儿子——公输般出生了。因为他是鲁国人，“般”和“班”同音，所以后人称他为“鲁班”。

鲁班从小就聪明伶俐，脑袋里总有问不完的问题，还经常学着父亲的样子摆弄木头。公输贤很是疼爱这个小儿子，更希望他能饱读诗书、出人头地。于是，父亲将鲁班送进了学校。

鲁班在学校里也算是认真学习的孩子，但是他对各种木工活的喜爱远远大于对《诗经》《礼记》的喜爱。鲁班在学习上的表现让父亲倍感失望。一日晚上，父亲语重心长地对鲁班说：“咱们家祖祖辈辈都做木工，每天都和一堆木头打交道，不仅辛苦而且没有什么出息，只有好好读书才能出人头地、光宗耀祖。”鲁班并没有听进父亲的劝说，依然偷偷学木工活，见什么学什么，差不多所有的木工工具都会用了，做了很多木柜、板凳、木箱等。有一次，学校来了一位新同学，但是学堂里的板凳不够了。鲁班找来一些木料，没一会工夫就做了一把精巧的板凳。

第二天，老师来到鲁班家，和鲁班的父亲进行了交流。他说：“鲁班是个聪明好学、心灵手巧的孩子，虽然在读书方面表现不突出，但是他的木工活非常好，如果他能专心学习木工本领，将来一定能成为一名非常出色的木匠。”父亲见老师如此建议，也怕鲁班不是读书的料，就听从了老师的建议。从此，鲁班不再去学校，开始正正规规地跟着父亲学起木工活。

转眼，鲁班已经12岁了，父亲的木工活他都学会了。父亲意识到鲁班只是跟着自己学习木工活是远远不够的。一天，父亲对鲁班说：“儿，爹爹的手艺你都学会了，后面也没法再教你了。终南山上有一位手艺惊人的老木匠，你去山中拜他为师，学习更高的手艺吧。”说完，父亲拿出了省吃俭用积攒出的100两银子给鲁班做盘缠和学费。鲁班拜别爹娘，骑上家中的白马，怀揣着梦想，踏上了学艺之路。

【不畏艰辛　苦心学艺】

鲁班策马扬鞭，越过一座座山冈，蹚过一条条溪流，一连跑了10天，跑完了3000里路，终于来到了一座高耸入云的大山下。鲁班想，这应该就是终南山了。山脚下有一间茅草屋，屋外坐着一位老奶奶。鲁班走上前作了个揖，问道：“老奶奶，请问这是终南山吗？”老奶奶说：“这儿正是终南山，但是进山的路有九百九十九条，你进山是要做什么？”鲁班赶忙回答：“老奶奶，我要上终南山拜师学木工手艺。”在老奶奶的指点下，鲁班选择了正中间的那条小道，爬上了山顶。

鲁班终于来到了山顶，在树林中隐隐约约看见一条屋脊。他走近一看是3间草屋，屋内到处散放着斧子、刨子等工具和一堆木头。旁边的石板床上躺着一位白发老爷爷，正在呼呼大睡。看着屋里的这些木工家什，鲁班心里高兴极了，他确信这位老爷爷就是那位技艺高超的老木匠。

鲁班轻手轻脚地把工具摆放整齐，然后安安静静地坐在旁边的石凳上恭候老木匠醒来。鲁班等呀等呀，一直等到太阳快落山了，老木匠才伸着懒腰坐了起来。鲁班赶忙走上前，跪在地上说：“师傅，我叫鲁班，从千里之外赶来，请收下我这个徒弟吧。”老木匠说：“想当我徒弟，要有一定本事才行。这样吧，我考考你，你答对了，我就把你收下。如果答错了，你怎样来还怎样回去。3间房子有几根大柁、几根二柁、几根檩子、几根椽子？”鲁班张口就回答对了。老木匠接着又问：“一个手艺，一个人学3个月就学会走了，一个人学了3年还想学，这是为什么？”鲁班想了想说：“3个月学的手艺在眼里，3年学的手艺扎根在心里。”老木匠听后点了点头，又问道：“2个徒弟学成了手艺下山时，师傅送给他们每人一把斧子。大徒弟用斧子挣下了一座金山，小徒弟用斧子架桥又铺路。你愿意学哪个徒弟？”鲁班毫不犹豫地说：“像小徒弟那样架桥铺路。”老木匠笑着说：“不错、不错，跟我来吧。”老木匠把鲁班领到了一间昏暗的屋子里。

老木匠说：“你跟我学手艺，就得使用我的家伙。”他一边说，一边打开了一个箱子。鲁班拿出来一看，斧头崩了口子，凿子又弯又秃，都生了锈。鲁班二话没说，拿起斧头、凿子，挽起袖子，开始在磨刀石上磨起来，一直磨了7天7夜，磨得两手起了血泡，又高又厚的磨刀石磨得像一道弯弯的月牙，才把所有的工具磨得又光又快。

老木匠看着闪闪发亮的斧头、凿子，对鲁班说：“试试你磨的这些工具吧。”老木匠吩咐鲁班砍倒门前的大树，并把大树砍成一根大柁，再用刨子把它刨光，在大柁上凿2400个眼儿。鲁班按照老木匠的要求，足足做了一个多月，终于完成了老木匠的任务。

老木匠将这一切都看在眼里，喜在心里，决心把自己的全部手艺都教给鲁班。他把鲁班领到另外一间屋子。鲁班一进到屋内，被眼前的景象惊呆了。原来屋里摆放了好多模型，有楼宇殿阁、小桥高塔、桌椅笼箱……鲁班眼睛都看花了。老木匠和蔼地看着鲁班，笑着说："你把这些模型拆下来再安上，每个模型都要拆一遍、安一遍，自己专心学，手艺就学好了。"

鲁班把模型一件件握在手里，仔仔细细地看了个遍。每一件模型他都认真拆3遍、安3遍，每天饭也顾不得吃，觉也顾不得睡。老木匠催他睡觉，他随口答应，可是仍不放下手里的模型。就这样，3年的时间过去了，鲁班苦心钻研，把所有的手艺都学会了。

一天，老木匠让鲁班将所有的模型重新做一遍。鲁班凭记忆，一件一件都造得跟原来的分毫不差。老木匠对鲁班说："徒儿，你的手艺全部学会了，你可以下山了。"鲁班含泪拜别师傅，回到了家乡。

【潜心创造　造福百姓】

鲁班一直牢记老木匠的嘱咐，用自己的手艺制造出各种各样的物品，帮助身边越来越多的人。鲁班生活的春秋战国时期，是我国政治、经济、文化繁荣的时期，社会变动使工匠获得更多可以自由施展才能的机会。鲁班在长期的土木建筑劳动中得到很多启发，他经过仔细观察、反复研究、多次试验，发明了很多工具和用品，不仅提高了工作效率，而且造福了百姓，被后世赞为"百工圣主""中国创造第一人"等。

由草造锯

春秋战国时期，很多诸侯国争相修建城阙，加固城墙。鲁班因为手艺好、人品好，接到了不少建筑工程。古代建筑是以木料为主，所以需要大量的木材。那时候还没有锯子，伐木一律使用斧子。伐木工们起早贪黑拼命去砍伐木头，虽然累得筋疲力尽，但是也砍不倒几棵大树，远远不能满足工程的需要。

因为木料供应不上，工程也不得不停下来。鲁班决定亲自去山上伐木。上山的路比较陡峭，他无意中抓了一把山上长的一种野草，突然觉得手上被什么划了一下，低头一看，手上居然被划出了一条口子。鲁班很奇怪，手怎么会被划破了呢？他仔细一瞧，原来这小草叶子两边长着许多小细齿，且这些小细齿非常锋利。鲁班想多摘片叶子再仔细研究，可刚伸手又被小细齿划了一下。鲁班缩手一看，原来一只大螳螂正在草上啃吃叶子，它的两个大爪子也是一个挨一个的利齿。手两次被划破，引起了鲁班的好奇心。他摘了叶子、抓了螳螂，仔细观察叶子和螳螂爪的结构，陷入了深深的思考中：如果把伐木工具做成锯齿状，是不是同样锋利？这样砍伐树木也就容易多了。

鲁班赶紧回到家，找到一块大毛竹，仿照草叶和螳螂爪子的样子，在竹片一边做出许多小锯齿，然后到小树上来回拉，没几下子就把树皮拉破了，再用力拉几下，小树干就被划出一道深沟。鲁班高兴极了，更加用力地来回拉竹片。结果，没一会儿，小锯齿有的断了，有的变钝了。鲁班陷入了沉思。想来想去，他想到了铁片。

鲁班赶忙去找铁匠，让铁匠按照自己的描述敲打出了一个带齿的铁叶子——锯子。鲁班迫不及待地做起了试验，把锯子往木棍上三下五除二地拉两下，木棍就被锯成了两截。

伐木工们有了这个伐木神器后，两个人各拉一端，一来一回，不一会儿就把大树锯断了，又快又省力。后来，鲁班又加了个木框，将铁齿片拉直绷紧，成了一个人能拉、两个人能拽的“木工之宝”。

锯就这样被发明出来了，其大大提高了木匠们的工作效率。如今，锯子仍然广泛地用于锯断木料的作业。

鲁班发明的锯子一直为后人使用

鲁班不仅发明了锯子，如今木匠师傅们使用的很多工具，如刨子、曲尺、墨斗等都是鲁班发明的。这些木工工具的发明，将工匠从原始繁重的劳动中解放出来，劳动效率成倍提高。

凿石成磨

石磨是用于把米、麦、豆等粮食加工成粉、浆的一种机械。鲁班生活的时代，人们要吃米粉、麦粉，都是把米、麦放在石臼里，用粗石棍来捣。捣的时候，力气大了迸粮食，力气小了不出面，真的是费时费力，而且捣出来的粉粗细不均，口感不好。

有一天，鲁班给一户人家干活，忙了一上午，累得筋疲力尽。坐下来休息时，他看见旁边的老太太正在石臼里捣麦子。老人岁数大了，举不起石棍，只能在石臼里用石磙来回研麦子，石臼里的麦粒有不少已经磨成了面粉。鲁班见状，突然灵机一动，有了灵感。

鲁班收工回到家，放下干活的工具，连晚饭都没吃，就开始试验自己的灵感：小小的石棍在石臼里能研磨出粉，如果把二者的接触面变得更大，是不是可以磨出更多的粉？于是，他找来两块石料，一块凿成扁扁的圆柱形，中间凿个孔，安上把手，打造成一个石磙；另一块凿成带槽的石盘。把石磙架到石盘上，便成了碾子。完成后，鲁班在石盘中间放上麦粒，转动上面的石磙，麦粒很快就磨成了面粉。

鲁班把做好的石磨放在村子里，村民们谁想用就用，想吃上细软的面食不再是件难事了。后来，石磨经过鲁班不断改进，从最初的人工手动推碾，发展到在碾磙上装木架，再套上一横木，可以用牛、马、驴等牲畜来推磨，大大节省了人工。

一天，鲁班看到树荫下歇着的老黄牛嘴巴在不停地咀嚼，嘴边还流着白沫。鲁班有所触动，来到老黄牛跟前，看着牛嘴，若有所思。他决定继续改造石碾，使其能像牛嘴一样，再硬的食物也能磨出汁来。

牛的嘴巴有上下两排牙，所以鲁班把碾改成了圆盘，上面凿上纹路，这就是牛的“上排牙”，圆盘中间位置凿有一圆形的孔，用来添水放料；下面的圆盘也凿上纹路，成为“下排牙”。两面圆盘合在一起，就像牛的嘴巴一样，粮食从上方的孔进入两层中间，转动上面的圆盘时，麦粒很快就磨成了粉末，这就是鲁班发明的石磨。如果把麦子换成泡好的黄豆，磨制时从小孔内再加上水，便会磨出乳白色的豆浆。

石磨的发明，是古代粮食加工工具的一大进步。鲁班发明石磨的真实情况已经无从查考，但是从考古发掘的情况来看，鲁班在其生活时代发明出石磨是有可能的。

民间传说石磨也是鲁班发明的

过去，几乎每个村落里都有一至两个石碾，家家都有石磨。随着科技的发展，它们慢慢地退出历史舞台。虽然机械生产出来的粉更加精细，但老一辈的人依然怀念过去亲手磨出的粉的味道。如今，许多年轻人大概只能在一些乡村旅游中体验推磨的感觉了。

鲁班一生的发明创造很多，比如造伞、造桥、造飞鸟等。他尽管没有给后人留下多少鸿篇巨制，却为劳动人民的生产和生活发明了许许多多便利的工具。鲁班更是被奉为“百工之祖”，是中国当之无愧的“科技发明第一人”。

时至今日，鲁班已不仅仅是木匠的祖师，其已成为华夏儿女勤劳与智慧的象征，鲁班精神也已经成为中国工匠精神的代名词。1987 年，中国设立了我国建筑行业工程质量最高荣誉奖——中国建筑工程鲁班奖，来纪念这位技艺高超的木匠祖师，来弘扬他的工匠精神。工匠精神不是说你一定要去发明创造什么产品，它的本质是对本职工作的热爱与执着、追求不断创新与精益求精。

读后一探

鲁班之所以能取得如此多的成就，与他的勤奋是分不开的。勤奋与好学是一对形影不离的好朋友。少年鲁班，不远万里，历尽艰难险阻来到终南山拜师学艺。“宝剑锋从磨砺出，梅花香自苦寒来”，3 年刻苦勤奋的学习为他成为技艺高超的能工巧匠奠定了基础。勤奋好学、刻苦钻研的精神是一笔宝贵的财富。同学们，你们现在正处在学习的黄金时期，你像鲁班那样不怕吃苦、认真钻研了吗？

鲁班肯定不是第一个被野草划破手的人，却是第一个受此启发发明锯子的人，这就很值得我们去思考。鲁班是一个生活中的有心人，其观察、思考和钻研生活中的一些微小事件，进而从中找到解决问题的方法和思路，甚至发明创造出很多工具和用品。同学们，生活中并不缺乏富有启发性的事件，只要有好奇的心、爱思考的头脑、勤实践的双手，或许我们也能成为某项新器具的发明人。

参考文献

[1] 李约瑟．中国科学技术史［M］．北京：科学出版社，上海：上海古籍出版社，1990.

[2] 王弗．鲁班志［M］．北京：中国科学技术出版社，1994.

[3] 中国·山东·滕州鲁班研究会．鲁班的传说［M］．济南：齐鲁书社，2008.

[4] 纪华，杜大恺．鲁班学艺［M］．北京：人民美术出版社，1982.

[5] 祁连休．鲁班传说故事集［M］．天津：百花文艺出版社，1980.

皮影之祖：李少翁

许克锡

1995 年，我国发行的皮影纪念邮票

18 世纪，中国皮影戏传入欧洲时，最初是在贵族沙龙中表演，然后普及到民间。欧洲传播皮影戏最强有力的，莫过于德国著名文学家歌德。他在 4 岁时欣赏到了祖母给他演出的中国皮影戏，从此执着迷恋并大为推介中国皮影戏。其在自己生日之际，用皮影戏演出德国故事《米娜娃的生平》招待来宾。受其影响，英国卓别林等很多国外名人对中国皮影艺术也予以高度关注，给予很高评价。皮影戏怎么传到美国的呢？19 世纪，中国劳工远赴美国修路、采矿，把皮影戏带到了美洲大陆。这一切，让皮影戏逐渐成为一种受到广泛喜爱的世界性艺术。皮影戏广受欢迎，同时又孕育出一种全新的大众艺术——电影。

进入 21 世纪后，中国皮影戏被列入中国第一批国家级非物质文化遗产名录，接着被联合国教科文组织列入人类非物质文化遗产代表名录。2010 年，上海世界博览会上有皮影戏演出专场。

【倾国倾城早逝　汉武帝丧魂落魄】

通常认为，皮影戏起源于汉武帝刘彻与李夫人的一段凄美的爱情故事。

话说汉武帝时期，有一位宫廷表演艺术家李延年，其懂音乐、善歌舞，深受武帝恩宠。李延年有一个妹妹，天生乐人，美而善舞。他想把妹妹引荐给皇上。一日，李延年见皇上兴致很高，便一边起舞，一边唱起了自创的《佳人歌》："北方有佳人，绝世而独立，一顾倾人城，再顾倾人国。宁不知倾城与倾国，佳人难再得！"

歌词大意是，北方有一位妙龄女子，绝世容颜，超凡脱俗，举世无双。只要看上一眼，全城人无不被她的美貌所倾倒；再看一眼，全国人无不被她的美貌所倾倒。怎么能不知道这样一个倾城倾国的佳人存在于我们这个时代呢？这样的佳人不可再得啊！

倾国倾城？天下竟有这样的女子？汉武帝甚为感叹："世上真有这个人吗？"平阳公主借机说道："李延年确有这样一个妹妹。"武帝便招其来宫中一看究竟，果然是一位绝色佳人，还能歌善舞。汉武帝被其容貌吸引，遂纳入宫中，名曰李夫人。

有一天，武帝与李夫人在一起的时候，感到头上痒痒的，他就随手摘下李夫人头上的玉簪来挠挠。没想到惊艳的一幕出现了：摘下玉簪之际，只见李夫人一头青丝顿时松开，雪貌花容，摇曳飘散，武帝喜不自禁，对其更是宠爱有加。奈何红颜薄命，这位倾国倾城的佳人没几年就仙逝了，给汉武帝留下了绵绵无尽的思念。自此以后，汉武帝每日茶饭不思，终日对着李夫人的画像独自忧伤，无心打理朝政。

【尽心尽智破局　李少翁发明皮影】

李夫人病逝，汉武帝思念成疾，终日不理朝政。

话说当时京城有一方士——李少翁，其得知汉武帝状况后，深为皇帝的健康担忧，但也百思无策。一日夜晚，他在闭目沉思时进来了两个人，一个侍女掌灯，一个侍女端着饭菜来送夜宵。李少翁微睁开眼，只见她们照在地上的影子随身而动，在他面前晃来晃去，给他留下了深刻的印象。

说来也巧，几天后，李少翁外出访友，路过京城大街，其中一处杂耍人群格外引人注目，那里人声鼎沸，阵阵欢声笑语。李少翁禁不住走到跟前凑凑热闹。只见一个杂耍艺人在耍猴子布偶，只见他两手持着操纵杆，五根线连接着猴子头部和四脚。艺人控制操纵杆，即可让布偶做各种动作，眺望、盘坐、行走、翻滚、腾跃等，惟妙惟肖，活灵活现，把现场所有人都逗乐了，博得阵阵喝彩。

李少翁很快看出门道来了。他注意到，布偶表演时，投在地上的布偶影子也惟妙惟肖、栩栩如生。他目不转睛地盯着地上灵动的影子沉思着、琢磨着，联想起几天前侍女送饭时的灯影，灵光乍现，计上心来！苦思冥想不得其解的难题似乎有了思路，他立即返回家中。

李少翁四处张罗，请来民间艺人，拿出绵帛，让其依照身边侍女的模样，剪裁出人物平面形象来，四肢、头部、身子分别剪裁，后用绳子将它们连成一体，再连接操纵杆。制作完成以后，李少翁另请杂耍艺人指导如何灵活地控制人物影像，几经练习，操作自如了。

傍晚掌灯时分，李少翁借助灯光的照射，将侍女人物布偶的影像投射到墙上，感觉不行；又投放到布上，感到视觉效果还是不太理想。正在李少翁愁眉不展之际，一个聪明的仆人说：“取来白色纱幕试试看吧。”效果出奇的好：白色纱幕上清晰地映出人物影像，色彩鲜艳，时隐时现，仿佛真人就在幕后。李少翁喜不自胜。

有了充分把握后，李少翁专门奏请皇上，请赐李夫人画像，说有方法让皇上见到李夫人。汉武帝精神一振，遂赐画像。

随后，李少翁经过一段时间精心准备，正式进入宫廷开演。汉武帝落座，只见银幕挂起来，灯烛亮起来，白色纱幕后边，李夫人的身影隐约可见；随后宫乐响起来，李夫人展现出曼妙的舞姿，影影绰绰，好似真人重现。汉武帝为之动容，疾步上前相见。李少翁赶忙制止：“启奏皇上！此乃李夫人的影像，只可远视，不可近观！”

武帝止步视之，屏住呼吸，目不转睛，直至乐罢舞停，放映结束。武帝越发悲伤不已，写下《李夫人歌》：“是邪？非邪？立而望之，邪偏何姗姗其来迟！”

大意是：是你吗？不是你吗？摇曳烛光中，我站起来向你望去，你一如生前，纤纤玉手，袅袅腰身，身轻如燕，翩然而至，为何姗姗来迟又离我徐徐远去呢？“偏”通“翩”，翩然而至的意思。

武帝令宫中乐府将这首诗谱曲传唱。他的这首诗——《李夫人歌》，对后世文学影响甚大。

话说回来，武帝见到李夫人的影像甚是欣慰，封李少翁为文成将军，并另有赏赐。自此以后，每当汉武帝思念李夫人之时，便召李少翁进宫请李夫人“现身”一解相思。宫廷里想看李夫人“现身”演出的人，也都一饱眼福。这种类似的影子戏在宫廷受到青睐以后，又在民间广为流传。

【中国光影艺术　跨越千载走向世界】

皮影戏诞生于汉武帝的满目相思泪，方士李少翁成为皮影戏之祖。他为汉武帝再现李夫人身影，把耍猴子布偶的艺人、剪纸的民间艺人，还有身边的侍女等人的智慧融汇在一起，发明了皮影戏。

皮影戏影人分四肢和头部五个部分，以线连缀而成一个整体，用五根竹棍操纵。表演时，艺人藏在白色幕布后面，一边操纵影人，一边声情并茂地唱出故事，一时间，艺人借影人迷人，影人借艺人唱腔抒情。

皮影戏表演

皮影制作选材经历了一段历程。历代艺人尝试使用很多种材料来制作各种各样的偶人，但是都不太理想，最终发现兽皮最好，而且兽皮价格便宜、易于携带、保存长久。这门艺术因此定名皮影戏。

唐宋时期经济繁荣，市井文化日益形成并臻于成熟，这种用灯光照射兽皮或纸板做成的人物剪影来表演故事的皮影戏，广受人们喜爱，民间艺人争相演出。这样逢年过节，都有皮影表演，街头巷尾、勾栏瓦舍，到处都能看到皮影戏的身影。表演皮影戏的大多是演艺班子，也有一些一人戏班，如有的街头艺人独自一人走村串巷，这种形式被喜爱这门艺术的人们亲切地称为“一担挑”艺术。

皮影戏在各地流传并逐渐形成各个艺术流派，如北京皮影、四川皮影、湖北皮影等。2010 年上海世博会上表演的皮影戏便是唐山皮影。中国的皮影戏传入法国以后，加上了法国特色，成为法国影戏，并在法国长期流传。乔治·萨杜尔在《世界电影史》中将中国皮影戏称为电影前驱。

外国人称皮影戏为“中国灯影”

读后一探

李少翁是西汉方士，他从街头耍猴子布偶艺人表演时投到地面的日光影子，联想到影子戏；他从猴子布偶联想到制作人像布偶，并尝试学习灵活操作；他在灯光投影效果不佳的情况下，接受侍女妙招，使用白色幕布投影。就这样，一种全新的表演艺术形式诞生了。

假如李少翁没有经历苦思冥想，那么他在街头热闹的耍猴子布偶现场，则不会旁若无人般地保持高度冷静，不会进行缜密的思考，从而不会脑洞大开，观察到别人不在意的布偶投到地面的日光影子，也不会联想到后来被称为影子戏的艺术形式。

当灵感来了，如果不趁热打铁，立即行动，那么就不会那么快地实现由猴子布偶向影人布偶的成功转换。如果不是听从侍女建议，那么投影的效果就难有保障，可能就半途而废。

参考文献

[1] 司马迁．史记［M］．胡怀琛，庄适，叶绍钧，选注．北京：商务印书馆，2018.

[2] 班固．汉书［M］．北京：中华书局，2009.

[3] 干宝．搜神记［M］．汪绍楹，校注．北京：中华书局，1979.

[4] 中国历史大辞典编纂委员会．中国历史大辞典［M］．上海：上海辞书出版社，2000.

[5] 王志杰．汉武王朝人物志［M］．西安：三秦出版社，2015.

[6] 侯欣一，陈全力．后妃辞典［M］．西安：陕西人民教育出版社，1991.

[7] 陈俊珺．最早的皮影戏是一行相思泪［N］．解放日报，2016-03-18（20）．

[8] 王心喜．皮影戏——现代电影的先驱［J］．发明与革新，2001（11）：28-29.

[9] 陈品．你知道皮影戏的起源吗［J］．小学教学研究（新小读者），2017（9）：35.

时钟之祖：苏颂

程慧嘉

苏颂（黄佩馨　瞿福如/绘）

1088 年，北宋朝廷吏部尚书苏颂（1020—1101）带领一个精干的科研小组，经过 8 年的艰辛劳作，研制出大型天文仪器——水运仪象台。水运仪象台以漏刻水力作为动力，均衡运转，昼夜不停，既可以观测天象，又同步演示天象并准确报时。世界著名科技史专家李约瑟称这台仪器“可能是欧洲中世纪天文钟的直接祖先”。水运仪象台中首创的擒纵器机构，是后世钟表的关键部件。

苏颂出生于 1020 年，千年以来，由于人们对苏颂关注和研究的缺乏，今天很多人不知道苏颂其人。我们编写这个故事，是对这位科学家的最好纪念。

【不靠祖荫靠自己】

苏颂，字子容，出生在福建同安县（现为厦门市同安区）一个官宦之家，家教甚严。当大官的爷爷，虽然钟爱这个孙儿，但直到苏颂古稀之年，其依然记得爷爷对自己的严格教育，以致多次在梦中被爷爷严厉的训斥惊醒。父亲苏绅（999—1046），中进士，先在地方当官，后被调入京城，做过大理寺丞、太常博士、知制诰、翰林学士、龙图阁学士、吏部侍郎，还做过侍读学士，成为皇家子弟的“伴读”，这表明苏绅学识渊博。

苏颂的母亲陈氏，出身官宦诗书之家，受过良好的教育，对苏颂的教育与成长起了很大作用。苏颂5岁时，父亲口授《孝敬》，并教育他背诵古今诗赋。因当官需要，父亲的工作地点不断变化，可每到一处，父亲就在当地寻找最好的老师，教育苏颂及其几个兄弟，让他们在一起学习，相互激励，共同进步。

苏颂有个叔叔，名叫苏缄（1016—1076），比苏颂只大4岁，一直与苏颂同堂学习。长大之后，叔侄俩关系一直很好。苏缄后来中进士，出任邕州知州。有这样的门风、学风，苏颂的学习、成长情况，已无须多费笔墨了。

后来家里发生的一件事，改变了父亲对他的看法。这一年的四月十四日，是北宋朝廷的一个特殊节日——乾元节。1022年是宋仁宗乾兴元年，宋仁宗一高兴，宣布以他的生日——四月十四日为每年的乾元节。过节的这一天，皇帝开恩，大赏群臣。身为中书舍人、知制诰的苏绅当然也领到了皇帝的“推恩”：自己的后代可以不经过科举考试而直接当官，因此苏绅准备直接推荐苏颂入仕。

人逢喜事精神爽。傍晚，苏绅面带笑容回到家，将这一喜讯告诉家人，一家人都喜出望外，苏颂却转喜为愁，对父亲说：“我想参加明年春天的进士考试。我不想通过这条路去当官。”父亲有点不高兴，但转念一想，又很开心：儿子想凭借自己的奋斗挣得功名，这是有志气的表现，没什么不好！

两年后，苏颂在例行的大考中深得考官欧阳修的赏识，顺利考中进士，开始了自己的仕途。与他同榜的，还有一位后来名震朝野的人物——王安石。

苏颂从宿州观察推官做起，后调任南京（今河南省商丘）留守推官，而此时的南京知府，正是他的老师欧阳修。苏颂的办事作风深得恩师欣赏。欧阳修说：“子容就职以来，精勤于政，恪尽职守。文牍簿籍，井井有条。狱讼赋税，了然于胸。一经阅览，修不复省矣。”后一句话的意思是，苏颂阅览过的材料，他就无须审核了。可见，欧阳修对苏颂办事是很放心的。

【精心研发水运仪象台】

复杂而科学的水运仪象台内部构造（复原图）

宋元丰八年（1085），宋神宗病逝，年幼的宋哲宗继位，实际掌权的是他的祖母——太皇太后高氏。按照惯例，新皇帝登基都要进行敬天祭祖大典，可在熙宁八年（1075）才制定的《奉元历》已经出现预测月食不验的情况。朝廷有人指出，计算并没有误差，而是天文仪器有问题。这在信奉“天人感应”的中国古代，是一件十分重大的政治事件。为此，刚刚继位的宋哲宗在太皇太后高氏的安排下，开始整顿天文机构。宋元祐元年（1086），苏颂接受命令，开始重新研制天文仪器。举世闻名的水运仪象台的创制工作正式启动。

朝廷的天文仪器被陈列在太史局和翰林院。苏颂立即考察了这里的天文仪器，发现熙宁年间的仪器已经严重磨损，只剩薄薄的铜片；垫在下面的水趺也已经倾斜，运转尚且勉强，但根本谈不上准确测验了。工作人员几乎处在敷衍了事的状态。

调研之后，苏颂很快形成自己的工作方案。他以研制新的仪器为出发点，开始搜罗人才。听说吏部韩公廉是个数学达人，苏颂便冒雪专访。苏颂从谈话中得知，韩公廉确实是个精通天文仪象和实际运算的人，便直接邀请他与自己共担新任。当时，苏颂为吏部尚书，这使韩公廉受宠若惊。在韩公廉的推荐下，远在安徽寿州任州学教授的王沇之，由于参与过熙宁年间的浑仪制造，具有相当丰富的实践经验，也被邀请到京，负责浑仪监造工作。

同时，苏颂对原太史局及翰林院的一批天文官进行优化组合，能者继任，庸者被裁汰，一些浑仪制造及天文观测的优秀人才陆续到位，后苏颂组建了元祐浑天仪象所。最后，苏颂又调来一位有多年监造军械经验且富有行政管理能力的人，统管全部组织与协调工作。

到宋元祐三年（1088）五月，经过10个月的紧张工作，以韩公廉和王沇之领导制造的浑天仪小样（木制）成功演示，不仅观测准确，而且生动形象。又经过7个月的研制，木制大样制成，它与实际运行的水运仪象台尺寸完全一致，只不过其机轮是木质的，实际运行的机轮是铜铸的。

当年十二月二日，哲宗下旨：将元祐浑仪木制大样放置到集英殿，由苏颂等演示，各位大臣、太皇太后等陪同皇上一同观看。

这座天文仪器高12米，宽7米，下宽上窄，像一幢3层楼建筑，上层是观测天体的浑仪，中层是演示天象的浑象，下层是随着浑仪、浑象运转而报时的机械装置。其既可观测天体运行，又可演示天象变化，随着天象推移还有身着各色衣服的小木人自动敲钟、击鼓、摇铃、报时。

韩公廉向太皇太后、皇帝等一一解说木制大样上的各种机关及用途，不厌其烦地讲解六合仪、三辰仪、四游仪、天常单环、赤道单环、黄道双环、望筒、水趺等浑仪部件，特别是报时演示，让太皇太后、皇帝等看得目不转睛。

报时演示以辰时为例。

辰时时初，下层木阁左门内转出一个红衣小木人，手摇铜铃；此时，第二层木阁中门转出一个红衣小木人，手举木牌，木牌上写有“辰时时初”，这是报告“时初”。一刻钟时，中门内转出一个绿衣小木人，击鼓；同时，第三层木阁中门也转出一个绿衣小木人，手举木牌，木牌上写着“辰时一刻”。再过一刻钟，这个小绿人再出现、击鼓；同时，第三层木阁中门也再次转出小绿人，手举木牌，木牌上写着“辰时二刻”。这样的情景第三次出现时，小绿人便举出“辰时三刻”的木牌。时正（一小时整），下层右门转出一个紫衣小木人，叩钟三次；同时，第二层中门也转出一个紫衣小木人，手举木牌，木牌上写着“辰时时正”。

哲宗与太皇太后等看得十分开心，大臣们更是笑逐颜开，人群中不断爆发出鼓掌声和喝彩声。

这之后，水运仪象台便开始了以铜浇铸的日子。苏颂带领太史局与翰林院的所有天文官，又经过整整3年的紧张工作，终于制成铜质水运仪象台，耗用铜2万多公斤。

宋元祐七年（1092）六月十七日，朝廷举行盛大的水运仪象台落成庆典，哲宗、太皇太后及朝中各大臣，全部参加庆典仪式。水运仪象台（后来取得声震中外的盛誉——世界第一台天文钟），在以皇帝为首的一片欢声笑语中，900 多年前就诞生在中国开封了。

【遍布世界的天文钟】

水运仪象台研制成功，自然引起朝野的广泛重视，可宋靖康元年（1126），金兵攻陷汴梁（开封），将安放在开封西南郊的水运仪象台掳掠而去。

金人掳走水运仪象台的目的是为其所用，准备将其放置在燕京（今北京）。如此庞大的天文仪器，要先拆卸为一个个零件才能搬运。可燕京距离开封上千里，当年的交通状况之差也是可以想见的。经一路颠簸，机枢齿轮已多有损坏，几至不能用。据《金史》记载，很多部件“久皆弃毁，惟铜浑仪置之太史局候台”。可见，除了铜部件不易损坏，其余的几乎废弃了，自然无法正常发挥功用。再加上燕京与开封的经纬度不一样，地势高低也不同，因此，观测天象等活动是无法进行的。

据文献记载，金明昌六年（1195）八月，被放置在燕京候台上的浑仪遭到雷击，跌落台下，龙柱丢失。金章宗完颜璟下令收集残破的零件，再放置候台上。金贞祐二年（1214），金兵抵挡不了蒙古军的进攻，准备迁都汴京。考虑水运仪象台浑仪是铜铸的，拆又拆不开，整体运送又没有足够的运力，就干脆将这台天文仪器丢弃了。当时世界上最先进的天文仪器，在战火纷飞的年代，就这样消失了！

宋南迁后，朝廷有人倡议重造水运仪象台，为此找到苏颂当年的手下，可由于缺乏资料和技术过硬的制作工匠，并没有取得成功。接着，朝廷又指派秦桧牵头，搜寻到苏颂制造水运仪象台的“说明书”——《新仪象法要》，并找到了苏颂的儿子苏携，可苏携并不能完全理解这部“说明书”，仍然无法复制。再后来，朝廷听说朱熹懂得天文，而且其家藏水运仪象台的小样，于是请朱熹复制，结果也没有制成。

水运仪象台在兵荒马乱的时代消失之后，就再也没有在世上露过面，直到 1958 年，中科院王振铎先生按照 1∶5 的比例，制作了历史上第一台水运仪象台模型，至今陈列在中国国家博物馆。第二台水运仪象台模型是世界著名科技史专家、英国人李约瑟研制的，这台水运仪象台模型被陈列在英国南肯辛顿博物馆。第三台水运仪象台模型是由陈延杭、陈晓父子研制的。1988 年，在纪念苏颂水运仪象台问世 900 周年之际，这台水运仪象台模型在苏颂故里——福建省同安县（现为厦门市同安区）科技馆落成，这是历史上第一台实现了水力运转的模型。1997 年，日本人复制出第四台水运仪象台模型，这是与水运仪象台大小相同、可以通过水力运转的模型。日本人认为“苏颂是世界机械钟表之祖”，因此将这台模型放在精工表发祥地——诹访湖钟表科学馆。第五台水运仪象台模型是按照 1∶2 的比例于 2008 年制成的，可以通过水力运转，现陈列在中国科学技术馆。2011 年，同安苏颂公园落成了一台大小相同、可以通过水力运转的水运仪象台，这已经不是模型，而是一台真真切切的小型天文台。这之后，长春中医药大学落成了一台与原型比例为 1∶2 的模型。2014 年，河南开封——水运仪象台的“故里”，落成了一台与原型比例为 1∶1 的水运仪象台模型。另外，台湾也研制出一台水运仪象台模型。中科院的王渝生先生曾先后复制出与原型比例为 1∶8、1∶4、1∶2 的 3 台水运仪象台模型，其中比例为 1∶4 的那台现被陈列在青海省科学技术馆，另外 2 台被陈列在中国科学技术馆。

厦门市同安区苏颂公园内陈列的水运仪象台

水运仪象台顶部是活动性屋板，观测时可以开启，雨雪时可以关闭，这被认为是世界上天文台圆顶自由启闭室的鼻祖。科学家根据浑仪望筒原理，发明了现代天文台跟踪机械转仪钟。《新仪象法要》中保存了世界上最早、最完整、最系统的机械图纸。水运仪象台在机械设计与制造、天文观测、冶金铸造、建筑工艺等方面取得的成果，与同时期世界各地相比，都是出类拔萃的，因此，李约瑟说：“我们以前关于‘钟表装置完全是十四世纪早期欧洲人的发明’的说法是错误的。”他称赞苏颂是“中国古代和中世纪最伟大的博物学家和科学家之一”。

读后一探

在中国古代，吏部尚书最初只负责低级官员的选拔，到北宋时，其已经成为朝廷六部之首，掌管各级官员的档案资料以及人事任免，位高权重。苏颂作为当时的吏部尚书，其负责组织管理水运仪象台的研制工作，便利之处自不待言。然而，就是这样一位位极人臣的高官，他出色组建一支高效率科研小组靠的不是他的权力，而是他充分尊重部下的人格、能用人所长的可贵品质。

作为水运仪象台研制工作中的重要成员，卫朴（？—1077）出身贫寒，因无钱看病，30 岁时便双目失明，但他在天文学领域有独特的造诣，曾受到司天监官员沈括的重用，主修了《奉元历》。《奉元历》虽然有很多先进之处，但后来也出现测天失验的现象。苏颂在主持研制水运仪象台时，力排众议，果断启用卫朴。最终的事实证明：卫朴进行的天文计算，对水运仪象台的成功创制作用巨大。

作为一名学术牵头人，能尊重各成员的人格，让他们充分发挥自己的长处，形成团队组织的强大合力，这是取得事业成功不可或缺的因素。苏颂广罗人才，迅速组建以各有专长的韩公廉、王沇之、卫朴等为主的工作小组，这是他成功研制水运仪象台的重要基础。他出色的科研组织能力，至今仍值得我们学习。

参考文献

[1] 苏颂．苏魏公文集［M］．北京：中华书局，1988.

[2] 李约瑟．中国科学技术史［M］．北京：科学出版社，上海：上海古籍出版社，2018.

[3] 管成学．苏颂的故事［M］．长春：吉林科学技术出版社，2012.

水排之祖：杜诗

程慧嘉

杜诗（黄佩馨　瞿福如/绘）

2018 年 6 月，中共中央纪律检查委员会、中华人民共和国国家监察委员会官网“历史文化 · 史鉴”栏目推出了召父杜母的故事。

召父杜母是一个成语，是用于称赞地方官政绩的。一名地方官，如果具有爱民如子的良好德行，为官一任，造福一方，那么，老百姓往往敬称其为“父母官”。可是，你们知道“父母官”一词的来历吗？这个词就是源自召父杜母的故事，与我们讲述的故事主人公——杜诗有关。杜诗，不仅是一位受百姓爱戴的“父母官”，还是水排的发明人，在世界冶炼史上具有令人瞩目的地位。

《后汉书 · 杜诗传》记载称，杜诗年轻时就表现出出色的政治才能。刚出道任地方官时，他处事公平，作风平和。光武帝刘秀登基的那一年（25），杜诗连升三级，官至侍御史，这是一个权力很大的官职。朝廷如有高官违规犯法，侍御史有向御史中丞汇报的责任和权力；如果是一般官员违法乱纪，侍御史则可以直接弹劾或诛杀。东汉侍御史还直接接受皇帝任命，镇压各地起义。

后杜诗出任南阳太守，消息传到南阳后，当地百姓奔走相告。杜诗到任的那天一大早，市民自发准备一顶八抬大轿来到城门口，迎接这位为官清廉的太守。然而，直到日上头顶，也不见太守到来，很多市民等得心急了。这时，有人跑过来说：“不用等了，太守早就进城了！”原来，杜诗带着自己的两名随从，早已身着便装，步行去衙门了。杜诗不事张扬、深入基层、体察民情的作风与精神，深深打动了百姓的心。老百姓十分激动，庆幸来了一位好“父母官”。

由于南阳地区已成重要的冶炼中心，杜诗到任后除了继续兴修水利以确保当地旱涝保收之外，还为节省人力、畜力，在冶铁技术方面作出了划时代的贡献。闻名世界的冶炼鼓风设备水排，就是在这种形势下诞生的。

【发明水排】

史载南阳从战国时起便以出产铁器闻名，现在的考古发现也能证明这一历史记载的可靠性。在南阳北关瓦房庄，人们曾发现一处古代冶铁遗址，考古学界认为这是汉朝官营冶铁所在地。这一遗址面积达 2.8 万平方米，出土的冶铁设备及材料有铁矿石、炉渣、铁块、泥范、耐火砖、鼓风管、炒钢炉、煅炉、水池等。出土的铁器有生产用具、生活用具、武器等。生产用具有铁犁、铁铧、铁锸、铁锄、铁斧、铁凿、铁锤等；生活用具有铁鼎、铁灯、铁熨斗、铁釜；铁质武器有铁矛、铁剑、铁刀、铁箭镞等。无疑，这些发现是南阳古代铁器冶炼技术发达的标志，同时也是古代南阳人付出艰辛劳动与辛勤汗水的见证。

众所周知，古代冶铁工艺的进步，最关键的就是鼓风设备的革新。铁的冶炼，需要持续高温才能得到液态铁，因此必须要有良好的鼓风设备。文献记载表明，我国最早的冶铁鼓风设备是一种名叫“橐（tuó）”的牛皮皮囊。橐，又叫“橐籥（yuè）”。《礼记》中有这样的记载：“良冶之子，必学为裘。”意思是好的冶匠的儿子，要学会缝制皮囊的技术。“冶匠”，就是从事冶炼工作的匠人，比如铁匠。而作为铁匠的儿子，为什么要学会缝制皮囊呢？不会缝制皮囊，就不能进入冶炼行业，这是中国古代冶炼行业内的规矩。要说明这个问题，就必须对中国古代冶炼业中的鼓风设备进行解读。

我们的先祖从事鼓风打铁，一直是子承父业，代代相传，而年轻的工匠入行，首先就要从拉风箱开始。怎样才能把风箱拉好？这就必须懂得风箱的工作原理，因此，必须学会缝制鼓风皮囊。可见，《礼记》中说到的缝制“皮衣”技术，实际上就是缝制鼓风皮囊技术。橐是被当作鼓风器用的。鼓风进炉，目的是助燃。

到了东汉，中国的这种鼓风设备被称为“排”或“排囊”。冶铁史专家认为，所谓“排”，可能是好几个风箱并排在一起，或者一个炉子中有一排风管，并认为，东汉水排的发明，应该与水力舂米的水碓有关。

水碓与水排，都是汉朝时出现的，被科技史界认为是手工技术史上重大的革新。所有机器，无论发达不发达，都必须具有3个重要因素：发动机、传动机构、工作（具）机。用水力冲击水轮，这是发动机的概念；旋转的轮轴，这是传动机构的概念；碓，或者“排”，这是工作（具）机的概念。具备了这3个要素，生产工具便从人手转移到工具上，从而让机器（具）代替了手工。

杜诗的水排，到底是个啥模样？《后汉书·杜诗传》记载：“冶铸者为排以吹炭，令激水以鼓之也。”仅凭这短短的两句话，我们是无法知道水排是怎么工作的。这个水排，到底是如何做到“用力少，见功多，百姓便之”的？这需要我们仔细考察水排。

这种设备，首先必须选择安装在水流湍急的地方，在河岸水边。上下2个卧轮安装在同一个转轴上。下面的卧轮叫水轮，置身水流之中；上面的卧轮叫绳轮。水轮轮轴四周是木制叶板，湍急的水流，冲击这些叶板，便带动轮轴转动。由于水轮轮轴与绳轮轮轴是同一根轮轴，这样，上卧轮（绳轮）也转动起来——这便相当于发动机发动了。

绳轮转动时，上面的绳子牵动与炉口木扇连接的往复杆。这根往复杆的一端被固定在炉口的封盖上，一端与绳轮连接。绳轮转近了，往复杆的另一端便推动炉口盖板，封住炉口；转离最近点时，往复杆便拉动炉口盖板，让盖板掀起，从而使炉口打开。绳轮每转动一周，炉口盖板一闭一启，即一开一关。开关一次，即吸风一次。绳轮在水轮的带动下，周而复始地转动，往复杆就不停地开关炉口盖板，起着鼓风作用。

只要水力足够大，卧轮就可以同时带动多根往复杆，操控多个炉口。木扇一多，便成了“排”。水排之名，应由此而来。

当年杜诗多少次来水边考察，多少次与工匠们探讨这种工具，多少次

元朝王祯《农书》中记载的水排工作示意图

试验、改进这种工具，虽然没有文字记载，但这是我们完全可以想见的。

水排的发明，给中国古代冶铁业带来巨大变革，这是杜诗当时无法预料的。

在南阳，杜诗任官 7 年，政绩教化十分显著。东汉建武十四年（38），他因病去世。司隶校尉鲍永上书说：杜诗贫困，没有土地、住宅等产业，死了以后没有埋葬的地方。皇上下令在郡邸办丧事，并赏赐一千匹绢作为治丧费用。可见，杜诗是个十分廉洁的太守。

如今，在中国国家博物馆陈列大厅里，一架“相貌”古朴的水排模型引人注目，这是世界上第一架水力鼓风机模型，它诞生于 1900 多年之前，其发明人是杜诗。杜诗的这一创新之作，翻开了世界冶炼史上新的一页。

今人复制的杜诗水排模型

读后一探

杜诗是东汉的一名官员兼发明家。他的才能是多方面的，既能上战场杀敌立功，又能到基层致富一方。不论朝廷怎么安排，他都能无畏无惧，干一行、爱一行、精一行。在战场上，他料敌如神，出奇制胜；在地方上，他爱民如子，怜惜民力。正是因为他的心里时刻装着百姓，把百姓的冷暖苦乐放在心上，所以，他才能长期坚持现场观察冶炼情况，从而从劳动实践中创造出“省力、多功”的水排，为民谋福祉，助推人类文明向前发展。

参考文献

[1] 范晔. 后汉书 [M]. 陈芳，译注. 北京：中华书局，2009.
[2] 安作璋. 杜诗与“水排”[J]. 文史知识，2008 (5)：61-65.
[3] 杨文磊. 杜诗和水排 [J]. 治淮，1995 (5)：47-48.
[4] 杨明扬. 水排和杜诗 [J]. 中国水利，1992 (6)：41.

中华算圣：刘洪

李艳午

如今，电脑已成为人类生活中不可或缺的工具之一。电脑又叫电子计算机，人类发明这种机器的初衷是为了处理复杂的计算问题。然而，在现代计算机发明以前，中国已经有一种古老的计算器被使用了近1800年，这就是被誉为中国“第五大发明”的算盘，其也被认为是计算机的雏形。

美国著名作家谢尔顿在他的小说《假如明天来临》里讲过这样一个故事：杰夫向经销商推销一种迷你计算机，宣称它“价格低廉，节约能源，性能可靠又安全，无须保养都可以使用数十年”。可是，当好奇的商人打开包装盒一看：原来是一个来自中国的算盘！

那么，算盘这种神奇的计算工具究竟是谁发明的呢？山东省临沂市蒙阴县的城南有一座公园，里面矗立着一座7层砖木结构、呈平面八角形、高49米的宏伟宝塔。这座宝塔就是为了纪念算盘的发明人——中华算圣——刘洪，因此这座宝塔叫作刘洪塔。

刘洪塔

接下来，就让我们穿越历史，回到遥远的东汉末年，探索一代算圣刘洪是经过怎样的奇思妙想而迸发出发明创造的灵感，从而有了这个石破天惊的发明。

【博学多才　当世无双】

刘洪（黄佩馨　瞿福如/绘）

刘洪（129—210），字元卓，东汉时期泰山郡蒙阴县（现在的山东省临沂市蒙阴县）人。刘洪出身贵族，是光武帝刘秀的侄子鲁王刘兴的后裔。他从小就受到了良好的教育，爱好广泛、博览群书、多才多艺。少年时代的刘洪认为天文和数学深邃，能引人遐想和思考，所以他对天文、算法和历法非常感兴趣，潜心向学几十年，最终成为我国古代杰出的天文学家、数学家。他既是珠算的发明者，又是月球运动不均匀性理论的发现者，被后世尊为算圣，他与书圣王羲之、智圣诸葛亮并称为“临沂三圣”。

王室宗亲的显贵出身，使得刘洪年轻时就成为宫廷内臣，这不仅为其施展政治抱负提供了机会，也为他潜心学术钻研创造了条件。19 岁时，刘洪以宗师弟子身份入仕，最初任校尉之职。他 29 岁的时候，因为在天文历算方面的特长，被调往职掌天文历法的太史部拜为郎中，任职近 10 年。

在此期间，他积极从事天文和历算工作，与蔡邕（蔡文姬之父）等人一起对二十四节气时太阳所在恒星之间的位置、正午太阳的影长、太阳距天球赤极的度距、昼夜时间的长度以及昏旦时南中天所值的二十八星宿的度值等 5 种不同的天文数据，进行了较为精准的测定。刘洪在当时这一具有开创性的工作中的突出贡献，是将相关天文数据列成表格，收入东汉的《四分历》中，完善了该历法。利用该表，可以推算出任一日期太阳在恒星间的位置等 5 种重要的天文数据，这是刘洪步入天文历算界的最初贡献，可谓是初出茅庐便石破天惊。

刘洪在天文和历算上的成就在当时引人瞩目。《后汉书》说：“洪善算，当世无偶。”中国作为传统的农耕国家，历法对指导农业生产有着极为重要的作用，因此历代统治者都非常重视历法的修订和完善。刘洪的杰出才能逐渐受到了朝廷的重视。汉灵帝光和元年（178）经过太史蔡邕的推荐，刘洪被召回京师（175—177 年，刘洪因父亲去世而辞官守孝 3 年）委以重任，专门从事历法研究，与蔡邕一起补续了《汉书·律历志》。蔡邕精通音律，善于著文，而刘洪精于历算，二人优势互补，可谓最佳搭档，因此他们顺利而出色地完成了这项任务。

【穷幽极微　孜孜不倦】

184 年，刘洪再一次被调离京师，出任会稽郡（今浙江绍兴）东部都尉，是郡太守的副手。在这期间，刘洪历时数年初步完成了被后世誉为穷幽极微之杰作的《乾象历》，这是人类历史上第一部基于月球运动不均匀理论的历法。

月球运动时快时慢和近地点在不断向前移动这两个重要的天文现象，早在东汉初期就引起了天文学家的高度关注，他们开展了对朔望月和回归

刘洪塑像

年的长度值的测算工作，并积累了一些数据。刘洪经过耐心细致的推演并结合对天象的实际观测结果发现，根据前人测算的这两个数值所推出的月亮的朔、望、弦、晦以及每个节气的平均时刻，长期以来普遍存在滞后于实际时刻的现象。

经过数年的潜心思考，刘洪大胆地提出了前人所测算的朔望月和回归年长度值均偏大的设想，这一猜想打破了传统的结论。在《乾象历》中，刘洪给出了定量描述的独特方法，他从精确计算古今朔月或望月的时刻入手，得到了较为精确的朔望月长度值，然后又依据 19 年 7 闰的法则，推演出回归年的长度值，最终测算出一个朔望月的长度为 29+773/1457 日，误差从东汉《四分历》的 20 多秒降到 4 秒左右；其测算的一个回归年的长度为 365+145/589 日，与现代计算的常数 365. 24219878 平均太阳日相差已很小。刘洪计算的这 2 个结果无论是在中国历史上还是世界历史上都是空前的。

刘洪对朔望月和回归年长度的测算，是在这 2 个数据处于长达 600 多年误差的背景下进行的。他首次从月球运动不均匀性理论的角度出发，纠正并重新测算了这 2 个重要的数据，不仅具有提高数据精度的科学价值，而且具有鼓励后来学者勇于打破僵局、大胆突破传统观念的束缚，为科学研究的突破而开拓创新的历史意义。

由于《乾象历》充分考虑到了月球运动的不均匀性，因此具有明显的可靠性，也得到了朝廷的重视，189 年，汉灵帝特召年近花甲的刘洪返回京师洛阳，商讨历法改革事宜。非常遗憾的是，当年四月汉灵帝突然驾崩，朝野失控，权臣董卓专权作乱。由于局势突变，朝廷根本没有功夫顾及历法改革，所以，刘洪还在返京途中，朝廷就改变了初衷，将他改任为山阳郡（现在的山东金乡）太守。在任山阳郡太守的十余年里，刘洪一方面兢兢业业料理烦琐的政务，另一方面孜孜不倦改良和完善他的《乾象历》。在这期间，他还十分注意培养学生，努力让自己关于天文历法的研究成果得以普及，为后人所了解，使之后继有人。后来的徐岳、杨伟、韩翊等人都曾得到刘洪的指点，为普及和发展《乾象历》作出了各自的贡献。此后历代从事天文历法研究的学者，无不首先从《乾象历》入手。唐代李淳风说："洪术为后代推步之师表。"

经过十余年的不断检验、充实和完善，刘洪最终于 206 年审定了他的

《乾象历》，此时的他早已步入古稀之年。

虽然刘洪在有生之年没有看到他为之付出几十年心血的历法杰作被正式颁布使用，但是经过阚泽（徐岳的学生）等人的努力，《乾象历》于232—280年在东吴得以颁布施行。更值得一提的是，《乾象历》的众多创造和独特视角，让传统历法焕然一新，对后世历法产生了重要而深远的影响。《乾象历》是刘洪名垂青史的见证。

【冥思苦想　神机妙算】

刘洪在天文和历法上所取得的杰出成就，固然源于他潜心向学、勤于钻研，但是更离不开另一个重要因素，那就是他精于计算。天文和历法研究都涉及大量烦琐而精细的计算，在1800多年前，数学发展尚处于初级阶段，算法还比较落后，进行天文和历法的相关计算绝非易事。

刘洪在地方任职期间，搜集了大量远古时代结绳计数、书契记数、刻痕记数、石子算、垒瓦算和筹算等劳动人民创造的记数和计算资料，并加以综合、改进。刘洪因为“善算”而被朝廷赏识重用，178年被朝廷任命为上计掾（上计是秦汉时代统计财政收入和考核地方官员政绩的工作，相当于今天的统计和审计。凡入京执行上计的具体工作人员，就被称为上计吏或上计掾），后官拜郎中。

这一年，汉灵帝要担任上计掾之职的刘洪在一个月之内把当时全国各地的人口、田亩、赋税等数字计算清楚，然后上报朝廷。于是，上计署大厅内好几百号人在刘洪的带领下加班加点、不辞劳苦地计算一项又一项数据。

可是，当时的计算工具只有一种由竹子、木条或者兽骨制成的算筹，计算方法是在案几或平地上来回横竖地移来挪去（这就叫运筹）。这种计算方法不仅费时费力、效率不高，而且还比较容易出错，尤其是对数据量大、算法繁杂的计算往往不理想。

焚膏继晷、昼夜不停的计算，让刘洪和上计署的算师们苦不堪言。离朝廷规定的数据呈报日期越来越近，而需要计算的数据条目还在源源不断地增加，更要命的是他们还要经常重复验算，修改计算中的错误，刘洪被折腾得苦不可言。于是，有下属给刘洪出主意：一方面赶快上奏朝廷，申请延缓数据呈报日期；另一方面增加运筹人手。刘洪思前想后，深感不妥。他认为如果申请延缓呈报日期，则有怠慢推诿之过和事君不力之嫌，况且，筹算不是一日之学，运筹人才也不是那么容易就可招到。深思熟虑之后，刘洪认为唯一行得通的办法是简化筹算，提高计算效率，这不仅可解燃眉之急，而且可以使新算法传播天下、利于大众。

但是，新的筹算之法又在哪里呢？每当夜深人静的时候，忙碌操劳了一天的刘洪常常辗转反侧，夜不能寐，苦苦思索。

在一个月满西楼的深夜，突然，儿时的一幕情景闪现在他的脑海，那就是货郎用大、中、小三种杏核记数的情景：小的一个当一，中等的一个当五，大的一个当十，这样比划痕记数方便多了。刘洪一骨碌从床上爬起来，把一袋核桃一股脑儿倒在案几上，凝神静气地盯着，陷入了沉思。过了一会儿，他眼前一亮，把核桃分成大小两组，大的在前，小的在后，推来移去、来回摆弄，不断地思考、摆弄、计算，不知不觉已是雄鸡高唱、东方欲晓。最后，他把核桃从左到右排成若干竖排，大的在上小的在下，上一下四，来回拨弄，计算越来越快。飞速的计算让刘洪忘记了一夜未眠的疲倦，他沉浸在新算法带来的兴奋中，不禁大声欢呼："成了！成了！"

管家听到刘洪的叫声，连忙跑进来看是怎么回事。刘洪兴奋地对管家说："快叫人来看，算法改成了！"家人闻讯赶来，刘洪指着案几上摆放整齐的核桃对大家说："每排上面的一个以一当五，中间留个空档，下面的四个以一当一，右边起第一列是个位、第二列是十位、第三列是百位，向左依次类推。求合差积商，积少凑多往上进位……"他边说边演示给大家看。

刘洪的夫人看了一会儿，却说这些核桃没有被固定住，容易移动，不太方便，要是能固定下来就好了。这时候，一个木匠出身的仆人说："这有何难，找块木板，刨上几道小槽，核桃嵌在小槽里就不会乱跑了。"另一个仆人端详了一会儿，说道："这些核桃大小不均匀，不耐看，不如请个木工做些大小均匀的木珠，再染上颜色，不是更好看吗？"

真是众人拾柴火焰高，刘洪听了大家的建议，连忙吩咐："管家，快去找一块上好的木板，做个盘儿，刨上几道槽，再去做些木珠，染好色嵌进去。"

于是，人类算学史上的第一个游珠算盘就诞生了。从此以后，珠算代替了筹算。

【中华瑰宝　世界“非遗”】

珠算的发明，大大提高了计算的速度和精度，使人们的计算能力产生了质的飞跃，在中外历史上产生了重大的影响。刘洪发明的算盘，不仅构造简单、使用方便，而且法则精妙。在电子计算机问世之前的1800多年里，没有一个国家、一个民族的计算工具能与之相媲美。算盘被《印度时报》列为“改变世界的50项发明”的第一位，被英国《独立报》誉为“世界第一大发明”，被《时代周刊》评为世界“十小发明”的第一名。科技史专家李约瑟博士在他的鸿篇巨制《中国科学技术史》中对中国的算盘推崇备至，称它为中国的“第五大发明”。世界珠算心算联合会自2004年起，将每年的8月8日定为“世界珠算日”。2010年4月，蒙阴县被中国民间文艺家协会正式命名为“中国算圣文化之乡”。

后人创作的刘洪纪念图

2013年12月4日，在阿塞拜疆巴库举行的联合国教科文组织保护非物质文化遗产政府间委员会第八次会议通过决议，将被誉为中国“第五大发明”的珠算正式列入人类非物质文化遗产代表作名录，这也是中国被列入的第30个人类非物质文化遗产。此次会议特别介绍了中国的珠算是中国古代的杰出发明，伴随着中国和世界经历了1800余年的漫长岁月，以简便的计算工具和独特的数理内涵，被李政道誉为“世界上最古老的计算机”。联合国教科文组织认定，珠算是东汉时期刘洪发明的，刘洪是中国独一无二的算圣。

刘府中的“刘洪”

读后一探

刘洪在天文、历法、算学各方面所取得的重大成就，与当时相当活跃的天文历算研究环境息息相关，前人积累的成就和同代人提出的新思想、新发现也启发了他的研究思路，更重要的是与他本人的思想、品质和努力密不可分。

刘洪虽然身处政治黑暗、社会动荡的东汉末年，但是他在社会激流震荡、个人仕途飘忽不定的漫长岁月里，始终保持一颗潜心向学、追求真理的纯粹之心。

他善于学习、勤于实践。刘洪善于从前人的研究成果中汲取营养和启迪，又乐于参加有关天文历法的辩论和研讨，从他的同代人那里获取新的信息和思想。同时，他不断地通过实践检验和完善自己的理论，力求做到知行合一。他的许多研究工作都是在他担任不同行政职务的空暇时间进行的，其勤奋程度可见一斑。

他勇于探索、敢于创新，这是一个科学家最应该具有的品质。刘洪勇于提出问题，敢于突破传统的局限分析问题、解决问题。他坚持真理、严谨治学，始终坚持“明历兴废，随天为节”的治历思想。他总是先尽量获取丰富准确的第一手资料，进而探索日、月、星等天体运行的内在规律，把历法建立在坚实的基础上。历法初成之后，他还要让其接受实际天象的检验：一方面要看历法是否能与日、月、星运动的动态相一致，另一方面还要看历法能否“推而上则合于古，引而下则应于今”（《晋书·律历志》）。如果发现不合之处，他就会继续观测研究，进一步修正完善。

算圣刘洪的一生，笃信好学，功勋卓著，他留给后人的不仅仅是一项项彪炳千秋的科学成就，还有他严谨治学的态度、孜孜不倦追求真理的品格和勤于实践、勇于创新的精神。

参考文献

[1] 王为桐，王建军，大松．算圣刘洪（连载）［J］．齐鲁珠坛，2001（3）：29－33.

[2] 王为桐，王建军．算圣刘洪［J］．齐鲁珠坛，2001（4）：31－33.

[3] 靖玉树．算圣刘洪对人类的重大贡献［J］．珠算与珠心算，2010（3）：49－50.

[4] 李雁，梁东．“算圣”刘洪［J］．走向世界，2010（25）：98－99.

[5] 迟荣瑜．刘洪为珠算鼻祖当之无愧［J］．齐鲁珠坛，1998（2）：11－12.

运河复闸始祖：乔维岳

许克锡

乔维岳是世界上第一个在河上创建复闸水利工程的人。世界科技史专家李约瑟博士对乔维岳的这一创新有着极高的评价，认为这在世界科技史上有着重要地位。欧洲建成的垂直升降的“塘闸”，比乔维岳创建的复闸水利工程晚了389年。

【面临盛世烦恼】

乔维岳，今河南周口市项城（当时淮宁府南顿县）人，经历北周、北宋2个朝代，历任河南蔡州平舆县令、泉州通判、淮南转运使等职，其中淮南转运使一职，让他的人生大放异彩。

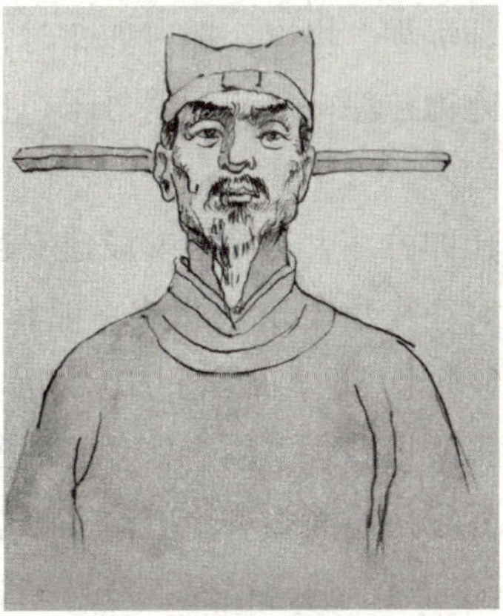

乔维岳（黄佩馨　瞿福如/绘）

983年，乔维岳已经57岁，被朝廷任命为淮南转运副使，不久升任转运使。他从京城开封乘船出发赴任，沿途看到南方大量的财富源源不断向开封运送，而通航的内河航道是开凿已300多年的隋唐大运河，河道弯折，河水深浅不一，其中从汴河口到淮安的100千米水路，完全依靠淮河自然水道。

“你的任务就是：管理大运河淮南段水陆转运和全国谷物财货转输、出纳，兼理治安、钱粮、巡察等，你的官职在府州之上。”乔维岳走马上任前，上司的告诫言犹在耳。

当时，南方经济高度繁荣，国家交通中心南移，大运河成为宋朝的交通命脉，每年向开封运粮或运送军粮的漕运量高达600万至800万担，国家已经日益依赖这条大运河。

当好转运使，迎接新挑战。乔维岳专心致志展开调研，了解这条大运河的真实状况以及来龙去脉。

了解情况以后，乔维岳感觉身上的担子有千斤重！他的压力来自两个方面：一是保运能，确保大运河正常的运输能力；二是保安全，确保货物船只不受损失。其中，安全压力尤为巨大。

在运输安全方面，下级汇报和他的现场探察都证明了一个铁的事实：大运河淮河段有着巨大的安全隐患！

原来漕船到达淮安进入淮河，有一个叫山阳湾的地方，河流呈“几”字形，水势汹涌，惊涛骇浪，行船至此，险象环生。乔维岳翻开台账：随着漕运量的增加、过往舟楫的增多，大宋在淮安、泗州之间的淮河险途上损失的舟船每年增加到170艘上下。

大运河人工运河河段也不顺畅。由于运河连接着不同的河流，不同河流交接处往往存在水位落差，为便利航运，人们沿用古代做法，建造堰埭，即堤坝、堤岸。船过堰埭时，需要使用牛力甚至用人力牵引。纤夫们一边吃力拉船，一边唱着号子，这种办法费工费力，效率低下，对舟船损耗亦大。

比如，在大运河淮安段建安通往淮滋的河道上有5条水坝，漕船来到这里时往往由于水浅货多、船体吃水太深而无法通过，必须卸下部分货物。5条水坝，需要经过10次上、下货，船体、船只时有毁坏，押运的士兵借机暗地侵吞、偷窃粮食的现象也时有发生。

乔维岳还面临着水上治安难题。因为运河历来是单门水闸：闸门只能容一船通过，通行很慢，每当多船通过时，往往要等候很久，这就给不法分子以可乘之机。他们占住咽喉地段抢劫过路船只，甚至还组成团伙，抢劫粮船。

【创造发明复闸】

乔维岳发现令人烦恼的难题以后，就与他的同僚们商量解决之道，开启大运河水运交通高质量发展。

淮河在淮安山阳湾段险象环生，那就另辟蹊径，开挖一条水道，绕开山阳湾危险水道好了；运河水道不得不通过高岗，那就想办法保证船只顺利通过。

984 年，乔维岳继任淮南转运使，提出利用现成的一条沙河故道，从末口到磨盘口（今淮安市淮阴区杨庄五河口附近）开挖 20 千米运输水道，于是组织民工清除淤沙，建设船闸、桥梁，从此淮河漕运绕开山阳湾，畅通无阻。沙河也叫乌沙河，因在淮扬运河之西，素称“西河”。

当开挖沙河到清江浦河段的时候出现了新情况：这一河段地势逐渐升高，怎么办呢？为延缓河床比降，保证河道正常水位，也为解决粮船被劫问题，乔维岳发明了运河复闸，当时称为“二斗门”，也就是连建 2 个闸门，2 个闸门与两边河岸形成密闭的“厢形船闸”。2 闸间隔大约 50 步（约等于 83 米），闸门垂直升降，交替启闭，2 闸之间的水关闭起来，形成一个缓冲段。这就是说，利用两端闸门来升降闸室内的水位，水涨船高，船舶随着闸内高水位顺利通航。自此以后，过往船只常年顺利通行，不再因为水位太浅而遭受货物搬上搬下的盘坝之苦。

有了复闸，船只上行时，先将闸室泄水，等室内水位与下游水位齐平时，开启下游闸门，让船只进入闸室，随即关闭下游闸门，向闸室灌水，闸室水面与上游水位齐平时，打开上游闸门，船只驶出闸室，进入上游航道。下行时顺序相反。这样既提高了运河的河运能力，又解决了船经过时缓慢和危险的问题。

复闸建成以后，运河通畅，丢失粮食的问题也解决了。

修建复闸，利用水位差通航，既减免了盘坝牵挽之劳，又大大提升了漕运能力。沈括在其《梦溪笔谈》中记载乔维岳和他的继任者们经过长达 100 年建设的大运河运力：“旧法：舟载米不过三百石。闸成，始为四百石船。其后，所载浸多，官船至七百石，私船受米八百余囊，囊二石。”而且每年节省“冗卒五百人，杂费百二十五万”。

乔维岳发明的复闸，就是现代船闸的前身。

现京杭大运河山东枣庄段的万年闸

【让轮船翻山越岭】

乔维岳堪称北宋水利学家，是官员发明家。他发明创造的复闸，大大开阔了世人的视野，突破了世人自古以来单闸的思维定式：从乔维岳的连建2闸，人们进一步联想到连建3闸、4闸、5闸，复闸激发了人们无限想象，这在水利工程史上具有划时代意义，不仅破解了河流因季节、天气而水量不足造成断航的难题，而且解决了船只翻山越岭的难题。

乔维岳的这一发明是现代水闸的原型，既解决了运输难题，又具有防洪抗洪的能力。三峡大坝正是如此，其双线五级连续梯级船闸的建设思路，不就是乔维岳思想智慧的延续吗？

乔维岳发明的复闸在实践中得到了进一步的完善。因为当复闸开闸的时候，总要走泄一部分水，这在严重缺水河段十分可惜。为了保证复闸水源源不断，乔维岳的继任者们在大运河复闸的基础上进一步创造了澳闸，就是在船闸旁边设置一个小水库（水澳），用以蓄积流水、雨水或引来江河潮水，从而有力保障复闸用水。这种将复式船闸与蓄水设施集合在一起的澳闸，与复闸一起成为北宋水利工程上的两大创造。难怪科技史专家李约瑟对此有着极高的评价。

读后一探

作为一个官员，乔维岳有这一创造发明并非偶然。

首先他一贯坚守自己的岗位职责，有着干一行就得真正干好的高度自觉性。身为淮河转运使，他不能眼看着经自己手转运的粮食在运输中受损、船只在运输中沉入水底。看到岸上长期配备那么多纤夫、骡马且纤夫喊着号子吃力地拖船，他奇思妙想涌上心头，发明了复闸，从而解决了多个难题。

乔维岳的发明还来自深厚的中国运河历史文化。

水上运输是人类交通运输之祖。中国是个河流运输大国，隋唐以来尤甚，隋唐大运河即当时世界上最长的运河。经济繁荣的宋代，运河航运更是盛况空前。

有河流就有水闸，水闸用于挡水和泄水，历史上最早建立水闸的是中国。公元前6世纪末，楚国令尹孙叔敖建设芍陂灌区（今安徽省寿县）时，建有5个闸门引水。世界上最早使用船闸的是灵渠（今广西桂林兴安县境内）。灵渠在公元前214年通航，沟通长江和珠江两大水系。灵渠修建过程中，为了解决河道水位落差大的问题，人们发明了斗门，就是在河流两岸使用巨石垒成一个弧形的基座，让河道变窄，弧顶两岸相对伸向河中，以提高水位，用于堵水，也用于放水。斗门类似现在的单门闸，是现代船闸的雏形。

参考文献

[1] 虞云国．宋代文化史大辞典［M］．上海：汉语大词典出版社，2006.

[2] 脱脱，等．宋史·河渠志［M］．北京：中华书局，1985.

[3] 毕沅．续资治通鉴［M］．上海：上海古籍出版社，1987.

[4] 徐业龙，郑孝芬．淮安运河文化遗产水利科学价值解读［J］．淮阴工学院学报，2013（6）：1－5.

[5] 荀德麟．清江浦运河与运口考［J］．淮阴工学院学报，2015（4）：1－5.

指南车复原鼻祖：马钧

陈志欣

晋崔豹《古今注》卷上载："大驾指南车，起于黄帝。帝与蚩尤战于涿鹿之野，蚩尤作大雾，士皆迷四方，于是作指南车，以示四方，遂擒蚩尤而即帝位……旧说周公所作也。周公治致太平，越裳氏重译来献白雉一，黑雉二，象牙一，使者迷其归路，周公赐以文锦二匹，轿车五乘，皆为司南之制……汉末丧乱，其法中绝，马先生绍而作焉。今指南车，马先生之遗法也。"

《深圳商报》报道：北京退休工程师刘海涛20世纪60年代从北京邮电学院毕业后，被分配到一家研究所工作，30年工作之余，他度了数不清的不眠之夜。1993年底，他将木制的黄帝指南车托人送给李约瑟博士。这辆指南车为全木结构，仅用差速轮轮组装。这件作品被收藏在大英博物馆。

今人复制的指南车模型

三国时期，也曾出现一位致力于复原指南车的历史人物，他叫马钧。

【磕巴少年　坎坷成长】

马钧，字德衡，曹魏时期扶风（今陕西兴平）人，自小因有口吃的毛病，常遭周围小伙伴的嘲笑。他很想和小伙伴们一起玩耍，却总遭嫌弃，这让他更加不喜欢说话。母亲注意到他性格的变化，于是鼓励他说：“尺有所短，寸有所长。要看到自己的缺点，但也不能忽视你自身的优点。没有人是完美的，要善于利用自己的长处，不要只盯着自己的缺点，要学会在心中肯定自己的优点与长处。”经过母亲的一番鼓励，小马钧更加认真地观察身边的事物，没事就坐在墙下看蚂蚁搬家，观察古树的纹理，静静地坐在小溪边看水底的游鱼。

他看到母亲为了支撑不富裕的家庭，每天俯身在织绫机旁劳作。他时常想怎么才能为母亲分担些呢？能不能把这个笨重的织绫机改良一下呢？于是，他将自己想改良织绫机的想法告诉了母亲。母亲听后，觉得儿子长大了，很是欣慰。她摸着小马钧的头，对他说：“这个主意很不错！你要好好跟先生读书，从书中学习知识，再好好思考。”从此，改良织绫机的想法在小马钧的心里埋下了种子。

小马钧没事就坐在大柳树下听一位老爷爷讲远古的故事。小马钧最喜欢听老爷爷绘声绘色地讲黄帝与蚩尤大战的片段。黄帝与蚩尤大战于涿鹿，这是我国远古时代最有名的大战之一。正当两军胶着、不分胜负之时，蚩尤制造出滚滚浓雾，身在浓雾中的士兵伸手不见五指。这些浓雾三日三夜还没有消散，黄帝部落的士兵都迷失了方向。于是，黄帝发明指南车，使部落中的人虽在浓雾之中，仍能辨识方向。指南车的发明使蚩尤部落失去优势。最后，黄帝部落击败了蚩尤部落。

小马钧好奇地问老爷爷：“指南车长什么样子呢？在哪里能看到呢？”老爷爷捋捋胡子，语重心长地对小马钧说：“指南车现在已经失传了，但一定真实存在过。”小马钧挠挠头说：“失传是什么意思？我还能找到吗？能看到吗？”老人说：“世上无难事，只怕有心人。指南车就在你的心里，只要用心，一定能让世人再次看到。”小马钧似懂非懂地点了点头。

【织机改良　初露锋芒】

马钧长大后，苦学知识，善于思索，身怀奇巧而不自知。《三国志》裴松之注引傅玄序：“马先生钧，字德衡，天下之名巧也，少而游豫，不自知其为巧也……为博士，居贫，乃思绫机之变，不言而世人知其巧矣。旧绫机，五十综者五十蹑，六十综者六十蹑，先生患其丧功费日，乃皆易为十二蹑。”三国时期，织绫机有六十综者六十蹑和五十综者五十蹑两种样式，虽然相比汉代织绫机已有简化，但人工操作多有不便。马钧将其简化成一台织绫机有十二蹑，实现了织绫机技术的革新，提高生产效率的同时，增强了织绫机的灵活性，可以随意织出各种图案。织品上的动植物栩栩如生，浑然天成。中国古代是男耕女织的小农社会，织绫机的改进大大提高了女性在家劳动的效率，也使马钧的名字被当时的人所了解。

耕种土地是小农生活的重要经济来源之一。土地灌溉关系到一个家庭一年的收入。马钧在京都洛阳居住时，看到洛阳城内有很多因无水可浇灌而荒废的土地，感到很可惜，心想：如果能将这些土地利用起来种上粮食，会解决很多人的温饱问题。他回到家中苦思冥想，终于在结合先秦时期桔槔、辘轳等灌溉工具的原理上，制造出了翻车。马钧发明的翻车节省人力，同时将水力运用得当。马钧的翻车与之前间歇性提水的灌溉工具不同，它是连续运水的器械。该翻车非常省力，即使年纪很小的人也能够将其转动，使其不断运转，这一改进极大地节省了人力。北宋高承《事物纪原》引《魏略》：“马钧居京都，有地可为园，患无水以灌之，乃作翻车，令童儿转之，而灌水自覆。今田家有水车，天旱时引水以溉田者，即此器也。详此，则其制起自魏马钧也。”翻车的发明，提高了土地利用率，极大地节省了人力。马钧在洛阳为人所熟知。

魏明帝时，有人进献了一套木偶玩具，俗称百戏。魏明帝看到后，觉得妙是妙矣，但美中不足的是这些木偶都不会动。一天，魏明帝问：“众位爱卿中谁能让木偶动起来呢？”由于当时人们纷纷赞赏马钧制造的翻车，可谓巧夺天工，于是，在朝堂上有人举荐说：“扶风人马钧可以。”马钧被召进宫中，为皇帝制造会动的木偶百戏。马钧先是规划设计，在脑海中形成大体的构思，然后用大木雕构大小不同的齿轮安装在不同的木偶上，木偶与木偶之间以齿轮相连接，形成联动的状态。他将翻车的原理暗藏其中，以水力牵引不同的木偶。木偶以水力为动力来源，各个齿轮组合衔接可以实现不同的木偶在齿轮的咬合下“牵一发而动全身”的格局。“水转百戏”是以水为动力并充分利用凸轮、齿轮的自动机械。魏明帝对马钧的设计大为惊叹，特赐众多奖赏。

【致知践行　能工巧匠】

魏明帝时期，众大臣们的一次争论，为马钧立志复原指南车埋下了伏笔。《三国志》裴松之注引傅玄序：“先生为给事中，与常侍高堂隆、骁骑将军秦朗争论于朝，言及指南车。二子谓古无指南车，记言之虚也。先生曰：‘古有之，未之思耳！夫何远之有？’二子哂之曰：‘先生名钧，字德衡。钧者，器之模，而衡者，所以定物之轻重。轻重无准而莫不模哉！’先生曰：‘虚争空言，不如试之易效也。’于是，二子遂以白明帝，诏先生作之，而指南车成。”

在谈论黄帝大战蚩尤时，身为帝师的高堂隆等人认为：“指南车这种东西，听听罢了，不可当真。黄帝时期，指南车根本不可能存在，一定是记载错误罢了。”持这种说法的人都是朝堂上德高望重的老臣，一般朝臣即使有不同观点，也不敢直接反对，马钧却一字一顿地说道：“古代早就有指南车了，只是我们没有好好研究。指南车并没有什么深奥的！”马钧的话还没说完，就看到在高堂隆身边的年轻官吏秦朗讥讽地回复：“你姓马名钧字德衡，‘钧’是器模，‘衡’用来定物之轻重。轻重不准，什么东西都可以成模了。哈哈。”听到这句话，马钧涨红了脸，努力想要辩驳，但周围都是同僚们的嘲笑声。他定了定心神，说：“这样争论，都是空话，没有意义，不如动手试着复制指南车好些。”高堂隆和秦朗将他们与马钧的争论报告魏明帝。魏明帝很好奇指南车到底是真的存在还是前人记载错误，既然马钧说能试着造一个指南车，那就让他造吧。在朝堂上，魏明帝下令，让马钧复原指南车。

马钧接到皇帝任命自己造指南车的诏书时，喜忧参半。喜的是这是研究指南车的难得的机会，忧的是指南车的相关资料流传甚少，没有着手点。马钧相信皇天不负有心人，只要用心寻找，终会将指南车复原于世人眼前。经过多次反复试验，他发现只要在车上设计一套简单的自动离合齿轮组件，就能使木人手臂不受车轮前进方向的影响，始终指向南方。经过不断尝试，马钧顺利将指南车复原出来。

马钧复原的指南车

公元239年，魏明帝逝世，齐王曹芳嗣位。这时政治大权落入曹爽手中，曹爽与当时朝中德高望重的司马氏父子争斗，朝堂上暗潮涌动。当时，曹爽极力推崇名士裴秀。裴秀仗着曹爽的赏识，看不惯马钧以机巧闻名于世。于是，他想找机会在大众面前嘲讽一下马钧。一次，他故意找碴，抓住马钧不善言辞的弱点，不停地在众人面前攻击马钧制造的机械为奇技淫巧，天下读书人应以为耻。马钧却因为口吃，一直插不上话反驳裴秀。正当裴秀洋洋得意之时，性格刚正的傅玄为马钧辩驳，对裴秀说：“老兄，你擅长辩论，说话速度快，但你不擅长制作物件。马钧兄则是擅长制作物件，不擅长辩驳。你用你的优点攻击马钧兄的缺点，这不是故意让人难堪吗?”在场旁观的朝臣觉得傅玄说得有道理。当时正在围观的曹爽之弟曹羲意识到马钧为有才之士，建议曹爽多多支持马钧的发明创造，但当时曹爽忙于政治斗争无暇顾及此事。马钧也因没有得到当权者的全力支持而抑郁不得志，感慨自己空有造福百姓的技术，却无法将其在实践中广泛运用。

读后一探

同学们，要知道：金无足赤，人无完人，每个人都有优点与缺点。要学会正确认识自己的缺点，不自卑、不低头、不认输，勇于面对自己的缺点。

马钧的成就，正是由于他不看轻自己。面对来自权威的观点，如指南车只是传说并不能造出，他没有放弃自己的坚守；当受到他人讥讽，他没有自暴自弃，而是坚定自己的观点，用实际行动证明指南车的存在。他坚持自我，小心求证，不断探索，终于将指南车复原出来。

要知道马钧并没有因为自己取得的成就而沾沾自喜、停滞不前，他不断地突破以往的技术，不断寻求创新，勇于创造、不断革新、刻苦钻研，努力解决生活上的问题，这点值得我们学习。

技术革新并不是一蹴而就的，每一次技术的变革，都以前人的成果为支撑，这也是我们传承传统技艺的意义之所在。同学们作为新时代的建设者，应努力做中华优秀传统技艺的传承者，将传承传统技艺的重任扛在肩上，在传统技艺的基础上改革创新。

参考文献

[1] 葛洪．抱朴子内篇校释［M］．王明，校释．北京：中华书局，1980.

[2] 崔豹．古今注［M］．北京：中华书局，1985.

[3] 陈寿．三国志［M］．文强，译注．北京：中华书局，2007.

[4] 高承．事物纪原［M］．上海：上海古籍出版社，1992.

[5] 杨荣垓．马钧的科技成就［J］．洛阳大学学报，1994（1）：54－57，43.

[6] 谭良啸．《三国志》裴注“傅玄序”解读——机械制造大师马钧的幸与不幸［J］．湖北文理学院学报，2013（7）：16－22.

中医始祖：扁鹊

许克锡

在中国的文献记载中，有名有姓的第一个医生是谁？是谁把医学从巫术中分离出来？是谁拓展了中医的内科、外科、妇产科、小儿科、五官科？又是谁总结出望、闻、问、切这一套完整的诊断方法？

这个人就是春秋战国时期的扁鹊。司马迁在《史记》中记载了扁鹊的传奇人生，而民间自古以来关于扁鹊从医、说医的传说更是层出不穷。

【巧遇伯乐从医】

扁鹊（黄佩馨　瞿福如/绘）

扁鹊是中国历史上第一个见诸正史的医家，姬姓，秦氏，名越人，春秋战国时期齐国人，在今之沧州市辖任丘市境内。扁鹊，本为古代传说中一种能够为人治病的鸟。为什么秦越人被称为扁鹊呢？原来，秦越人行医天下，在赵国已声名鹊起，无论走到哪里治病救人，都给病人带来健康吉祥，好比是一只翩翩飞来的喜鹊，故人们尊称其为扁鹊。又一说上古黄帝时，传说中的神医名叫扁鹊，秦越人在赵国行医自名扁鹊。

扁鹊并非生于医学世家，而是在

青年时期，至少20岁才走上医学之路的。扁鹊年少时在一家客栈做事，兢兢业业地做着分内活儿，服务来来往往的各地旅客。其中有一位名叫长桑君的宾客，扁鹊总觉得他是一个奇人，于是他每次入住客栈时扁鹊都恭恭敬敬地服侍；而这位长桑君也看出，扁鹊不是普通青年，对他另眼相看。每每长桑君入住客栈的时候，两人过往甚密，就这样来来去去10多年。

有一天，长桑君见客栈没别的人，把扁鹊叫到身边来坐下，神秘兮兮地告诉他："我掌握着一些医学秘方验方，如今年老了，想让你传承后世，但你要保守秘密，不得外传。"扁鹊心领神会，满口答应："太好了！我一定听你的。"于是，长桑君从怀里拿出一种药交给扁鹊，说："你用露水送服这种药，30天以后你就知道怎么回事了。"然后又拿出全部秘方交给了扁鹊。

长桑君神秘消失以后，扁鹊离开客栈，苦学长桑君留下的医学秘方验方，走上了医学之路。

【扁鹊望色诊病　齐桓公讳疾忌医】

讳疾忌医最早出自战国韩非的《韩非子·喻老》，它完整记录扁鹊通过观看齐桓公气色的前后明显变化来诊断病情，而齐桓公讳疾忌医最后命丧黄泉的过程。

扁鹊到了齐国都城，齐桓公用国宾之礼来招待他。扁鹊拜见齐桓公，一阵寒暄过后，以一个医生敏锐的眼光告知齐桓公："您有小病侵入了皮肉之间，如果不及时治疗，将深入体内。"齐桓公说："我没有病。"善意不被理解，扁鹊尴尬地退了出去。齐桓公对身边的人说："医生都贪图功利，喜欢医治没有病的人，然后把这个说成是自己治疗的功劳。"

过了5天，扁鹊再去面见齐桓公，说："根据我现在的判断，您的病已经侵入了血脉，如果不及时治疗，恐怕会加重。"齐桓公仍然说："我没有病。"扁鹊出门，齐桓公不高兴。

又过了5天，扁鹊又去见齐桓公，说："根据我现在的判断，您的病已经侵入了肠胃，如果不及时治疗，会更加严重。"齐桓公觉得自己没有健康问题，面对扁鹊这一次提醒干脆不答话了。扁鹊出去后，齐桓公不高兴。

又过了5天，扁鹊又去，看见齐桓公后就往回跑了。齐桓公派人问他为什么躲开。扁鹊对来人说：“病在皮肤的纹理间是烫熨的力量所能达到的；病在肌肤是针石可以治疗的；病在肠胃是火剂可以治愈的；病若是到了骨髓里，那是司命所掌管的事了，我也没有办法了。而今病在骨髓，我不再为他治病了。”

又过了5天后，齐桓公浑身疼痛，赶忙派人召请扁鹊，可这时扁鹊已逃离齐国。齐桓公不久就病死了。

扁鹊根据齐桓公面部气色的异常变化（即望诊）即可分析其病情发展程度，由此可见扁鹊望诊造诣之精湛。

【赵简子5日不醒　扁鹊“妙手回春”】

给昏迷5天的赵简子看病，是扁鹊通过切诊（搭脉察看异常变化）来诊治疾病的经典故事。

春秋时期晋国有个大夫叫赵简子，原名赵鞅，是中国古典悲剧《赵氏孤儿》中的赵武之孙。赵简子是一位杰出的政治家，是赵国基业的开创者。

有一天，赵简子得了一种病，5天不省人事。当时的扁鹊在燕晋一带颇为有名，于是家臣董安于派人请来扁鹊为其诊治。扁鹊入室诊视病症后出来，董安于向扁鹊询问情况，扁鹊说：“赵大人血脉正常，虽然静如死状，但是不必惊慌。历史上秦穆公也曾得过此病，7天以后才清醒过来。现在赵大人发病和当年秦穆公相似，我想不出3日，赵大人必定会醒来。”

过了两天半，赵简子果然醒来，身边人将扁鹊来为其看病并预言其3天内必定醒来的事告诉了赵简子，赵简子非常高兴，赐给了扁鹊很多田地。扁鹊有了土地，便结束了游医的生活，开始一边上山采药、一边治病救人的日子。

【虢国太子“暴卒”　扁鹊“起死回生”】

扁鹊望色可以诊治疾病，切脉可以诊治疾病，在医治虢国太子时，他又综合运用切脉、望色、听声、写形4种诊断方法，让虢国太子“起死回生”。

有一次，扁鹊路过虢国都城，恰好碰上虢国太子“猝死”。扁鹊闻讯便主动赶到虢国王宫门前，问一位爱好方术的中庶子：“太子生过什么病？为什么全国举行超规模的祛邪消灾仪式？”中庶子说：“太子的病症是血气不顺，内邪不能疏泄而暴发于表，造成内伤。正气压不住邪气，邪气蓄积而不能排出，因此阳缓而阴急，导致突然昏倒而死。”扁鹊问：“他‘死’多久了？”中庶子回答：“早上公鸡打鸣的时候‘死’的，昏死到现在。”又问：“收殓入棺了吗？”回答说：“还没，‘死’了不到半天呢。”扁鹊说：“请禀告虢君，我这个名叫秦越人的外来医生能让太子复活。”中庶子不以为然，说：“先生该不是胡说吧？太子‘死’了怎么会复活呢！”他就是不相信扁鹊的话。扁鹊仰天叹息说：“我知道表征就能推知内因，我知道内因就能推知表征。如果认为我说得不真实、不可靠，就请你进去诊视一下太子，应该会听到他耳孔有细弱的声音，看到他鼻翼在微微地扇动，顺着两腿往上摸到阴部，那里应该还有一点温热。”

中庶子听完扁鹊的一席话，眼睛瞪得老大，张口说不出话，好一会儿才回过神来，回到宫里把扁鹊的话告诉虢君。虢君如获救命稻草，出门相迎扁鹊，大声说道：“我早就听过先生的美名，一直未曾拜望先生当面聆听教诲。这次先生路过弊国，是我们的荣幸。有先生在，我的儿子就有救了！”话没说完，虢君就哽咽不停。扁鹊说：“根据我的判断，太子得的病是一种‘尸厥症’，就是突然昏厥，不省人事，昏死过去。那是因为阳气陷入阴脉，缠绕冲撞了胃，经脉受损被阻……太子实际上没有死。”

说完发病原理，扁鹊就叫他的学生子阳取出砺石来磨针，取外三阳五会等穴位下针，给太子治疗。诊断精准，治疗得法，不一会儿，太子就苏醒了。扁鹊又让学生子豹准备“五分之熨”，再加上“八减之剂”混合煎煮，交替在两胁下熨敷。太子体力慢慢恢复，能够坐起来了，吃了汤剂20天后，身体恢复如初。

自从救活了虢国太子，人们都认为扁鹊能让死人复活，而扁鹊却说：“我不是让死人复活，而是发现他没有死去，我能做的只是让他醒来再恢复健康罢了。”

扁鹊诊治虢国太子，先是诊察病情，认识疾病（他首先通过中庶子问诊，了解病情），接着通过听声、望色，判断耳声、鼻张，“循其阴股以致于阴，尚有体温”，于是得出结论：太子未死，只是昏迷过去而已。后其使用一些疗法，让太子恢复健康。

【完善望闻问切　拓展治疗方法】

先秦时期，医巫不分，同时医学驳杂。《周礼》记载，宫廷中设置兽医、食医、疾医和疡医，分别管理牲畜疾病、宫廷饮食调配和以刀剪割切的外科等事项。扁鹊的卓越贡献在于，实现医巫分离，成为医巫分离的标志性人物；把健康医学独立出来，成为2000年来中国历代医家之宗，医学因此而独立。

后人创作的扁鹊接诊图

医界认为，中医望、闻、问、切4种诊断方法因扁鹊而成型。望、闻、问、切，即望诊（看看病人的气色有什么异常）、闻诊（包括听声音和嗅气味2个方面）、问诊（对话询问疾病发生、发展情况和现在症状、治疗经过等）和切诊（切脉和按诊），这在扁鹊时代分别称为望色、听声、写影和切脉。在春秋战国和秦汉时期的典籍中，记载望闻问切四大诊术同时并举、综合应用以为人诊病的，当首推《史记·扁鹊传》中的病例资料。

扁鹊行医，遍及各地，且能“随俗为变”。扁鹊过周朝都城洛阳时，听说周人爱老人，便主要从事老年人病症的治疗，多医治耳、眼等五官病症；到秦国都城咸阳，听说秦人爱小儿，即专治小儿疾病。据记载，扁鹊还精于外科手术，而且应用了药物麻醉来进行手术。扁鹊及其弟子不辞艰辛，周游列国，济世救人；他们“随俗为变”，成为医、药、技非常全面的“全科医生”。

扁鹊在治疗方面身手不凡，善于应用各种方法治疗疾病。砭石疗法，亦称砭术，是早期人类用石器治病的方法，也是世界上最早的治疗方法之一。《山海经》有语："医源于砭。"砭石主要用于破开痈肿、排脓放血或刺激身体的某个部位以消除病痛。目前认为，砭石是针刺治疗的鼻祖，经过若干年的发展演变而成为后来的竹灸、针灸。

扁鹊为历史上第一个见诸正史列传的医家。司马迁《史记》有扁鹊传记，而《汉书·艺文志》载有扁鹊留世医书，如《扁鹊内经》9卷、《扁鹊外经》12卷，另有《秦始黄帝扁鹊俞拊方》23卷。这些医书可惜已失传。

扁鹊脉诊雕塑

【"六病"不能治】

西汉时期司马迁采写扁鹊故事，已经与战国时代相差近2个世纪，但民间依然流传着关于扁鹊的传说故事。

有一个传说是，扁鹊有三兄弟，三兄弟都行医，扁鹊认为自己是三兄弟中水平最低的。

一天，魏文王问扁鹊："你们家兄弟三人都精于医术，到底哪一位最好呢？"

扁鹊答："我的大哥医术最好，二哥次之，我最差。"

文王又问："那么为什么你最出名呢？"

扁鹊说："我大哥治病，是治在病发之前。因为一般人不知道他能事先铲除病因，反而觉得他的治疗没什么明显的效果，所以他的名气无法传出去，只有我们家的人才知道。我二哥治病，是治于病情初起之时，所以看上去他只能治轻微的小病，所以他的名气只能在我们家乡流传。而我扁鹊治病，是治在病情已经严重的时候。一般人看到我在经脉上穿针放血，在皮肤上敷药，用麻药致人昏迷，自然以为我的医术高明，因此名声远远响于我的两位哥哥。这正所谓：上医治未病，中医治欲病，下医治已病。”

按照扁鹊说法，事后控制不如事中控制，事中控制不如事前控制。世界卫生组织也认定，护卫健康、预防疾病分为一级预防、二级预防、三级预防，一级预防即让人不生病。

任何医生都不能包治百病。扁鹊认为，人世间有 6 种情形，医术再高明的医生也医治不了（“六不治”）：为人傲慢放纵不讲道理，这是一不治；轻视健康重视钱财，这是二不治；不与季节同步，衣着饮食不当，这是三不治；阴阳错乱，五脏功能不正常，这是四不治；形体非常羸弱，弱得吃不了药，这是五不治；迷信巫术，而不相信医术，这是六不治。

【扁鹊遇害】

秦国地处西部边陲，中原诸侯以夷狄待之。为了改变这种状况，秦国非常重视从东方各国广招贤能。秦国采取了兼收并蓄之法，为各类人才创造了一个各显其能的用武之地。除了重视能治理国家的人才，秦国对医生也很尊重，给予医生极好的待遇，各国名医纷纷来秦。扁鹊就是在这种情况下成为秦人的。

其时，秦武王与武士们进行举鼎比赛，不觉伤了腰部，疼痛难忍，吃了太医李醯的药，未见好转，并且更加严重。有人将神医扁鹊已来秦国的事告诉了武王，武王传令扁鹊入宫。扁鹊看了武王的神态，按了按其脉搏，用力在其腰间推拿了几下，又让武王自己活动几下，武王立刻感觉好了许多。接着扁鹊又给武王服了一剂汤药，后武王病状完全消失。武王大喜，想封扁鹊为太医令。李醯知道后，担心扁鹊日后超过他，便在武王面前极力阻挠，称扁鹊不过是“草莽游医”，武王半信半疑，但没有打消重用扁鹊的念头。

李醯决定除掉扁鹊这个心腹之患，先是派了 2 个刺客，欲刺杀扁鹊，却被扁鹊的弟子发觉，扁鹊暂时躲过一劫。后扁鹊及其弟子只得离开秦国，他们沿着骊山北面的小路走，可李醯派来的杀手扮成猎户，于半路上劫杀了扁鹊。

读后一探

扁鹊并非出生于医学世家，但他在高人、贵人长桑君的厚爱和提携下，认真总结前人和民间经验，并结合自己的医疗实践，在诊断、病理、治法上为中国医学作出了卓越贡献，成为流芳百世的医家。扁鹊青年时期才走上医学大道，但如果他不是志存高远，没有带着高超的技术游走天下造福百姓，怎么可能名闻天下、成为中国古代医学的祖师？一个年轻人若能胸怀天下、勤奋好学，有道德、有技术，那么在开放多元的社会，无论走到哪儿都会受到欢迎、受到尊重、受到爱戴，不是吗？

参考文献

[1] 司马迁．史记［M］．胡怀琛，庄适，叶绍钧，选注；马乾，周艳红，校订．北京：商务印书馆，2018.

[2] 李伯聪．扁鹊和扁鹊学派研究［M］．西安：陕西科学技术出版社，1990.

[3] 郭朝印．扁鹊医道——中国中医查体医疗［M］．北京：中医古籍出版社，2009.

[4] 何爱华．扁鹊、华佗、服石及其他［M］．北京：中国协和医科大学出版社，2013.

[5] 冯文林．《史记·扁鹊仓公列传》的治疗学思想［J］．医学与哲学（人文社会医学版），2007（6）：68－69.

[6] 李钟琴．“神医”扁鹊（秦越人）真相新考［J］．医学与哲学，2019（14）：77－81.

[7] 小故事大道理之扁鹊的医术［J］．中国卫生质量管理，2017（6）：130.

[8] 史国成．神医扁鹊的传说［J］．中老年保健，2018（11）：31.

自行车始祖：黄履庄

许克锡

自行车在20世纪80年代是中国家庭消费的奢侈品。城市青年结婚，婚房可以很小，家具可以从简，但是男方需要准备能够“摆上桌面”的“三大件”：自行车、缝纫机、手表或收音机。自行车成为“三大件”之首。

中国是自行车大国。自行车给人们出行带来了不少方便。如今私家车、公交车、地铁等走入大众生活，但是公共自行车来了，解决了“最后一公里”问题。截至2019年，中国自行车社会保有量、电动自行车数量，均位居世界第一。

与此同时，自行车变身一种健身器材，发展为一项体育竞技运动，如公路自行车赛、山地自行车赛、场地自行车赛、特技自行车比赛等。作为一种文化符号和载体，自行车（单车）主题公园、自行车（单车）文化公园也纷纷建立起来。

但是很少有人知道，最早发明自行车的是中国人！这个发明家便是清朝初年扬州人黄履庄，他在青少年时期就发明了世界上第一辆自行车、第一个湿度计、第一个探照灯等，还设计制造了许多仪器、机器、工具和玩具。研究表明，黄履庄的很多发明比2个世纪之后的美国发明家爱迪生的发明厉害多了。

【出在开明时代】

黄履庄，清代初年扬州（古称广陵）人。年少聪颖，读书过目不忘，尤为不同寻常的是，他不同于别的书童“两耳不闻窗外事，一心只读圣贤书”，他还喜欢各种小物件，喜欢根据自己的奇思妙想动手制作各种新奇的手工艺品来，并沉溺其中，乐此不疲。他这种兴趣是从七八岁开始的，那时在私塾读书，有一次他偷偷拿走匠人的刀子和凿子，雕刻出一个高约一寸的小木人，只要将小木人放在桌子上，将桌子一头抬高，它就能沿着斜面一步步走下来。他幼小失怙，后投靠舅舅。随着年龄增长，他的手工技能越发成熟，制作出来的手工艺品越来越多，“见者多竞出重价求购”。

黄履庄塑像

扬州在万里长江与京杭大运河的交汇处，是中国古代通商口岸，那里自古豪门巨户林立，汇集了一群服务于富裕人家的建筑工匠。同时，西方的一些机械制造原理和日用技术传到这里后，引起了士人和手工艺人的极大兴趣。黄履庄能够比较方便地看到各种工匠的劳作，从中学到了不少生产、生活中几何、代数、物理、机械等方面的知识。黄履庄的性格又比较沉稳，平时喜欢独坐静思，遇到难题，经常废寝忘食、反复琢磨，直到把难题想通为止。这些主观、客观因素对黄履庄提高创造发明能力有着很大的帮助。

黄履庄在发明创造上堪称奇才，一生发明创造甚多，可总结为6大类。

（1）验器，测量仪器，有温度计、湿度计。

（2）诸镜，光学仪器，有千里镜（即望远镜）、取火镜、临画镜、显微镜、多物镜、瑞光镜等。

（3）诸画，有近视画、旁视画、镜中画、管窥镜画、三面画。

（4）玩器，有自动戏、自动驱暑扇、木人掌扇和灯衢（利用多面平面镜成复像的装置）。

（5）水法，有水尾车（多级螺旋水车，可用于农田灌溉）、一线泉、柳枝泉（人工喷泉）、三鸟鸣、鸾凤吟、报时水、瀑布水等。

（6）造器之器，即工具，有方圆规矩、就小画大规矩、就大画小规矩等。

黄履庄的知识十分全面，涉及数学、力学、光学、热学、材料学等多种学科。

黄履庄于二十七八岁之前，发明创造计有百种之多，但是之后又有哪些（一说他只活到了二十七八岁便去世），人们就不得而知。因为他的发明在当时社会被认为是雕虫小技、不足挂齿，并未引起重视，更为遗憾的是，他的科技发明作品都没有流传下来。

【中国人的发明成西方人的“专利”】

自行车是人类发明的最成功的人力机械之一，是由许多简单机械组成的较复杂机械。

康熙年间，扬州人黄履庄发明出了自行车，这是一种不用牛马牵引的全新的车辆。他发明的世界上第一辆自行车是什么样的？跟他生活在一起的姑表兄戴榕写有《黄履庄小传》，描述了当时尚无名称的“双轮小车”的模样，收录在清朝人张潮的《虞初新志》里：“其作双轮小车一辆，长三尺许，约可坐一人，不烦推挽能自行；行住，以手挽轴旁曲拐，则复行如初；随住随挽，日足行八十里。”1915 年中华书局出版的《清朝野史大观》也这样记载道：“黄履庄所制双轮小车一辆，长三尺余，可坐一人，不须推挽，能自行。行时，以手挽轴旁曲拐，则复行如初，随住随挽，日足行八十里。”也就是说，黄履庄发明的世界上第一辆自行车是 2 个轮子，长 3 尺许，能坐 1 人，不须推挽，能够自行。车子行进时，骑车人手摇轴旁曲拐，就能连续前进，一边前进一边手摇，一天可以行驶 80 里。

黄履庄发明的自行车大致是这样的

然而世界公认，现代意义上的自行车是欧洲人发明的。

欧洲人把发明自行车的第一人认定为达·芬奇，就是那个意大利画家达·芬奇。西方人把达·芬奇定义为发明家，是因为他设计了很多具有发明创造意义的草图，这些草图后来都被一一验证了。1493年，达·芬奇设计了一张自行车草图！

中国人普遍认为真正造出第一辆自行车的是东方人黄履庄。但是黄履庄之后，东方自行车发明改进再无来者。

黄履庄发明自行车之后大约100年，法国人西夫拉克1790年根据自己的创意制成了木制自行车。这辆自行车结构比较简单，既没有驱动装置，也没有转向装置，坐垫位置比较低，骑车人两脚着地，向后用力蹬，车子才能沿直线前进。需要改变前行方向时，只能下车转动车轮。

1800年俄国农奴叶·米·阿尔塔蒙诺夫制造了一辆木制自行车，与法国西夫拉克的车相似，前轮很大后轮很小，两个脚镫子安在前轮的轴上。有趣的是，他骑着这辆车到莫斯科向沙皇亚历山大一世献礼时，这个“怪物”引起了沙皇和大臣们的兴趣，沙皇好奇地问：“它只有两个轮子，为什么不倒呢?”高兴之余，他下令废除了阿尔塔蒙诺夫的奴隶身份，将其升为平民。

这些都是自行车的早期发明。

真正开创自行车现代科技与商业价值的是此后的德国人、英国人等。1817年，德国人德莱斯制造了带车把、装方向舵的木制两轮自行车，并申请了专利。他的自行车构造与滑板自行车相像，他的一个小小改动，给自行车的发展带来了巨大的飞跃。添加车把以后，自行车变得方便省力，迅速成为当时欧洲人青睐的交通工具，于是欧洲街头出现了大量的自行车。

到了1839年，英国人麦克米伦发明了蹬踏式脚蹬驱动自行车，骑车时两足不用蹬地，行车速度大大加快。1869年，英国的雷诺看了法国的自行车后，感到自行车太笨重了，于是他把车架改成钢管、车轮辐条改为钢丝，采用实心轮胎。1886年，英国机械工程师斯塔利设计出了新的自行车样式，装上前叉和车闸，前后轮大小相同，可以保持平衡，并用钢管制成了菱形车架，还首次使用了橡胶车轮。他设计的自行车已经与现代自行车基本一样，因此斯塔利在西方获得了“自行车之父”的称号。1887年，英国人劳森完成了链条驱动自行车的设计。同年，英国人邓鲁普研制出了充气轮胎。这个时候的自行车就已经是现代意义上的自行车了，在商业化的道路上越走越远。

【自行车行进中国】

1868 年 11 月，欧洲首次运了几辆自行车来上海。人坐车上，两脚蹬地，引车而行。作为娱乐性代步工具，此时的自行车用于业余消遣。

清朝时中国人就骑上自行车了

随着自行车买家的增多，1885 年，英商、德商、法商等开始在上海销售自行车。1897 年，同昌车行在上海南京东路开业，这是中国第一家自行车行，经营自行车及零配件，成为后来闻名遐迩的凤凰牌自行车厂的前身。

20 世纪初，自行车逐渐普及。1918 年第一次世界大战结束后，邮电事业发展迅速，自行车成为邮差出行标配。

中华人民共和国成立以后，凤凰、永久、金狮等几个大众品牌的自行车，渐渐进入寻常百姓家。

21 世纪以来，随着私家车、公交车、地铁不断普及以及公共自行车给市民出行的“最后一公里”带来很多方便，人们的出行变得越来越便捷。

读后一探

人在年少时好奇心最重，年少的黄履庄看到能工巧匠们用一把刀一块料就可以创作时，萌动了自己也来一试身手的念头。心动更要行动，于是他就小试牛刀了，少年时就创造出许多有趣的物件。很多人年少时都有奇思妙想，但仅仅心动，不见行动，若黄履庄也是这样，他就成不了发明家。

聪明人往往触类旁通。刀具有了，材料有了，干什么呢？黄履庄正值年少，他不是工匠，没有具体任务，不必走人家的老路，他可以想做什么就做什么。于是他天马行空、奇思妙想，无拘无束地创造自己的未来世界，成就自己的科学梦想。

黄履庄的人生启示人们，发明创造并没有想象的那么高不可攀，只要一切从生产、生活实际出发，敢想敢干，冷静沉着，智慧的大门就能一扇扇打开。

参考文献

[1] 张潮．虞初新志［M］．石家庄：河北人民出版社，1985.

[2] 小横香室主人．清朝野史大观［M］．上海：上海书店出版社，1981.

[3] 王锦光．我国十七世纪发明家黄履庄［J］．科学大众，1963（4）：24－28.

[4] 宫慧，张帅．淹没在历史中的中国“爱迪生”——发明家黄履庄［J］．物理通报，2012（5）：114－115.

[5] 皇甫修．《黄履庄小传》的象征意蕴——文学作品深层结构“意义空白”抉微［J］．名作欣赏，1986（1）：64－66，63.

图书在版编目(CIP)数据

中国传统技艺"祖师爷". 一/汪斌,程启贵主编. —合肥:合肥工业大学出版社,2021. 11

ISBN 978-7-5650-5356-6

Ⅰ. ①中… Ⅱ. ①汪…②程… Ⅲ. ①民间工艺—艺术家—生平事迹—中国 Ⅳ. ①K825. 72

中国版本图书馆 CIP 数据核字(2021)第 122939 号

中国传统技艺"祖师爷"(一)

汪 斌 程启贵 主编　　　　责任编辑 孙南洋

出 版	合肥工业大学出版社	版 次	2021 年 11 月第 1 版
地 址	合肥市屯溪路 193 号	印 次	2021 年 11 月第 1 次印刷
邮 编	230009	开 本	710 毫米×1010 毫米 1/16
电 话	人文社科出版中心:0551-62903200	印 张	9. 25
	营销与储运管理中心:0551-62903198	字 数	142 千字
网 址	www. hfutpress. com. cn	印 刷	安徽昶颉包装印务有限责任公司
E-mail	hfutpress@163. com	发 行	全国新华书店

ISBN 978-7-5650-5356-6　　　　定价:29. 80 元